普 天 之 下 ・ 盡 是 好 書

普天出版家族
Popular Press Family

凌雲 A-Plus Creative Company 文創

Thick Black Theory

厚黑學

讓別人為你兩肋插刀的厚黑訣竅

完全使用手冊

Thick Black Theory

Thick Black Theory is a philosophical treatise written by Li Zongwu, a disgruntled politician and scholar born at the end of Qing dynasty. It was published in China in 1911, the year of the Xinhai revolution, when the Qing dynasty was overthrown.

說話辦事篇

賀拉斯曾說：

讓別人的鐮刀心甘情願地割在你的麥穗上，是成功者必須具備的條件之一。

想要別人幫自己兩肋插刀，一定要掌握說話辦事的各種訣竅，除了必須適時施以小惠，還必須適度在背後讚美。

因為，絕大部份的人都天真地認為，對自己有恩的人，就是值得賣命的恩人；在背後讚美自己的人，就是值得付出的朋友。

Thick Black Theory is a philosophical treatise written by Li Zongwu, a disgruntled politician and scholar born at the end of Qing dynasty. It was published in China in 1911, the year of the Xinhai revolution, when the Qing dynasty was overthrown.

王照 編

【出版序】

現實很殘酷，你必須學點厚黑心術

•王照

> 人不能只有小聰明，卻沒有大智慧；厚黑學不是教你賣弄聰明、耍奸玩詐，而是教你借用別人的能力，快速達成自己的目的。

現實很殘酷，想在慘烈的人性戰場存活，就必須學點厚黑心術，才能借用別人的能力，快速達成自己的目的。

用點手腕、使點手段，掌握一些厚黑技巧，往往是讓問題迎刃而解的最佳捷徑，同時也是現代人求生自保必備的智慧。

就本質來說，智慧和厚黑的內容是相同的，只不過是同一種應對模式的正反說法，岳飛用的時候，我們稱之爲智慧，秦檜用的時候，我們叫它厚黑。

古往今來的歷史經驗與生活教訓告訴我們：成功的秘訣就是智慧。唯有智慧才能使人脫胎換骨，也唯有智慧才能改變人生！

諸葛孔明向來被視爲智慧的化身，英姿煥發，才智溢於言表，手執羽扇頭戴綸巾，談笑間敵艣灰飛煙滅，何其瀟灑自如！他靠的是什麼？答案是智慧。

《西遊記》中的齊天大聖孫悟空護送唐僧前去西天取經，歷經九九八十一難，上天入地，翻江倒海，橫掃邪魔，滅盡妖孽，何其威風暢快，激動人心！貫穿整部《西遊記》的是什麼？答案還是智慧。

許多世界知名將領身經百戰，洞察敵謀，所向披靡，締造一頁頁傳奇。他們何以能叱吒風雲，在險惡的戰場屢建奇功？靠的還是鬥智不鬥力的智慧。

拿破崙橫掃歐洲大陸，如入無人之境；愛迪生一生發明無人能出其右，廣爲世人稱道，原因都在於他們懂得搭建通向成功的橋樑，擁有打開智慧寶庫的鑰匙。

當你前途茫茫、命運乖舛，輾轉反側卻不得超脫的時候，你需要智慧；當你面臨群丑環伺，想要擺脫小人糾纏之時，你需要智慧。

在你身陷絕境，甚至大禍迫在眉睫之際，想要化險爲夷、反敗爲勝，你需要智慧；在你萬事俱備只欠東風的時候，如何把握機稍縱即逝的良機，你需要智慧。

在你身處險境、危機四伏時，想躲避來自四面八方的暗箭，你需要智慧；在你春風得意馬蹄疾揚的時候，如何不致中箭落馬，更需要智慧。

在十倍速變化的世紀裡，古人所說的「離散圓缺應有時，各領風騷數百年」景況將不復出現，一個人的影響力、穿透力至多只能維持數十年。

我們當中，只有極少部分的人能靠著智慧和不斷自我砥礪，而獲得通往成功的通行證，絕大多數的人都將繼續在失敗的泥沼中跋涉，最後慘遭時代吞噬。

更殘酷地說，從來沒有一個世紀是愚騃無知之徒的世紀——他們充其量不過是歷史煙塵中庸碌的過客，或者任由豺狼宰割的羔羊；他們想擁抱時代，時代卻無情地吞噬、遺棄、嘲弄他們。

無疑的，二十一世紀是智者通贏的世紀，我們既面臨空前無情的挑戰，同時也面臨曠世難遇的機遇。

失意、落敗、悲哀無可避免地會降臨在那些愚騃懵懂、懦弱無能的人身上，這些人將成爲時代的棄兒，被遺棄在歷史的垃圾堆。

成功的機遇則會擁抱那些充滿智慧、行事敏捷、勇於進取的人；唯有這些人方能成爲時代的驕子，分享新世紀的光輝和榮耀。

洛克維克曾經寫道：「狼有時候也會保護羊，不過那只是為了便於自己吃羊。」

在這個誰低下脖子，誰就會被人當馬騎的年代裡，如果想要生存下去，就要具備厚黑的智慧，既要通曉人性的各種弱點，又要懂得運用爲人處世的技巧。

本書要教導讀者的，就是在人性叢林中成功致勝的修身大法。內容包含兩個層面，一是自我素質的快速提昇，透過吸收書中列舉的借鏡與知識，累聚各式各樣必備的智慧，增進自身的涵養；一是徹底摸清人性，修習爲人處世的技巧，運用機智、適當的手腕，適時發揮本身所具備的才能。

這兩者正是獲得成功的最重要因素，也是決定性的因素。

人不能只有小聰明，卻沒有大智慧；厚黑學不是教你賣弄聰明、耍奸玩詐，而是教你看穿人性、修練人生。如果你不懂得厚黑學，不懂得洞悉別人如何耍弄心機，那麼永遠都只會是人性戰場上的輸家。

01. 懂得說話，便是成功了一半

沒有人會認為，一個穿著整潔卻言語粗俗無禮的人，會是個有風度的人；即使一個人沒有西裝革履，如果談吐不俗，也必定會讓人刮目相看。

02. 說話的態度左右你的前途

如果彼此有不同意見，只需讓他們知道自己的看法就行了，不必和他們激烈爭論，辯得臉紅脖子粗。

03. 話題選得好，溝通沒煩惱

每個人都有自己的話題禁區，不容他人擅自闖入。不然的話，後果輕則損害交談，重則傷害感情，甚至導致對立或關係破裂。

04.

說話，不要太過情緒化

說話的效果是人際關係的基礎，說話的效果代表各式各樣的人際關係。因為人與人之間的遠近親疏都可以從這些「效果」中呈現出來。

05. 如何套出別人的真心話？

想了解初次見面的人言詞是否真實，或是他對交談話題的關心程度，可以用壓迫性交談的手法，故意與對方唱反調，是最常用的一種方法。

06.

提防高談闊論的小人

一個人的價值在於他完成了什麼事，不在於他說了什麼話。只會使用華麗的詞藻高談闊論，根本毫無用處，只會惹來別人的陣陣訕笑。

07.

站在對方的立場來說服對方

如果從一開始就強調自己的立場，彼此間的鴻溝就會越來越深，當對方有了對抗的心理狀態時，你是絕對無法說服他的。

08.

你的情義只是別人的工具

一旦被情義這頂大帽子套牢，就會被別人牽著鼻子走，失去了自我，這樣的情義只是一廂情願的自我折磨，又有什麼價值和意義？

09.

忍一時之氣能讓你化險為夷

忍讓的深層意義在於我們明瞭自己比對方優越許多，不屑於和那些夜郎自大、自以為是的小人物糾纏，浪費自己的精力。

10. 抱最好的願望，做最壞的打算

法國作家左拉說：「愚昧無知不會為人帶來幸福，幸福的根源在於清楚知道自己並沒有想像中聰明。」

11. 輕鬆戰勝身邊的小人

莎士比亞曾說：「不要輕易燃起心中的怒火，因為，它燒不了敵人，只會灼傷自己。」

12. 應該謹慎的時候不要感情用事

英國著名的評論家科林斯曾說：「我們在生活中最常見的錯誤是，應當謹慎思考的時候卻感情用事。」

PART 1

懂得說話，便是成功了一半

沒有人會認為，
一個穿著整潔卻言語粗俗無禮的人，
會是個有風度的人；
即使一個人沒有西裝革履，
如果談吐不俗，也必定會讓人刮目相看。

說話是一門重要的必修課

語言是一門藝術，話說得合適，不僅能體現出自身修養的高雅，也能夠很舒服地讓別人接受你的觀點或意見。

語言是人類交流的工具，人與人之間的交往和溝通，都不可能離開語言。語言，可以說是人們傳播知識、交流思想，並將喜怒哀樂等等複雜的情緒與情感傳遞出來的最佳方法。

在現今資訊爆炸的時代，人與人之間的聯繫比以前更爲頻繁，這個頻繁的交往更難脫離語言，語言的重要性不必細說，便可得知。

或許有人會不屑地說，說話有什麼困難的，只要不是啞巴或是剛出生的孩子，誰不會說話啊？

的確，人人都會說話，然而，並不是每個人都能把話說得十分切題，而且還要能說到重點，讓人心有戚戚焉。

越是熟悉的東西越，越容易被人們忽視，也因爲每個人天天都在說話，所以才覺得會說話不是多麼困難的大事。

其實，說話是一門藝術，其中大有學問，俗語不是說：「良言一句三冬暖，惡語傷人六月寒」嗎？

這正是說明了言語的力量，話說得恰如其分，才能如雪中送炭直暖心底；話說得不得體，則令人心寒情傷，如履寒冰。簡單的事情當中，總是蘊含著大道理，所以，說話的藝術正是人人必修的課題！

也許有人會認爲，與一般人說話自然是要注意，對於朋友則不必那麼囉嗦，可以心裡想什麼就說什麼，不用刻意講究。

如果你也這麼認爲，那就錯了。

因爲，朋友也是人，他們與普通人無異，對於朋友，我們反而更要知道一件事：「眞正的朋友是你我最重要的人，然後才是其他的普通朋友。如果，我們對一般人說話時便懂得小心注意，對自己的朋友則更要注意才是啊！」

一個善於駕馭語言的人，會用語言來交換自己所需要的東西，而現代人也越來越懂得其中的重要性。

其實，話說合宜，不僅能表現出自身修養的高雅，也能輕易地讓人們接受你的意見或觀點，使人願意接近你，提昇自己的溝通、辦事效率。畢竟，沒有人會喜歡那種經常口出惡言的人吧！

厚黑智典

莫洛亞說：「每個人都知道別人在評判自己時會出差錯，卻從不在意自己批評別人的時候也會出錯。」

懂得說話，便是成功了一半

沒有人會認為，一個穿著整潔卻言語粗俗無禮的人，會是個有風度的人；即使一個人沒有西裝革履，如果談吐不俗，也必定會讓人刮目相看。

由於生長環境和所受的教育程度不同，每個人說話的方式也不盡相同。交際時說話應當注意察言觀色，對不同的人應當採取不同的說話方式，並且時時注意變換談話的內容，選擇適合對方的話題，拉近彼此的距離。

有很多人都反對「見什麼人，說什麼話」的做法，認爲那是表裡不一的人才會做的事，是兩面三刀、華而不實的表現。

事實上，只要不是心存惡念，見什麼人還眞要說不同的話。

試想，如果說話不分對象，對待什麼人都用同一種方式或同一種話，那麼勢必會使程度差異懸殊的人，無法好好地溝通。

有的人性格開朗、豪爽，直言其過或許他也不會在意，如果你說話的時候閃閃躲躲、猶豫不定，必定會引起他的反感，懷疑你爲人不實。

如果，對方性格內向，也較爲敏感，你的話如果直戳痛處，恐怕又會刺傷他的自尊心。對於這樣的人，則宜採含蓄曲折的表達方式，凡事點到爲止，由他親自去體會言中之意，會比較恰當些。

因此，說話是一門學問，是交友時應當注意的事，切不可盲目地以爲，朋友只要心誠，說什麼話無所謂。

其實，「言爲心聲」，往往你不經意的一句話都會使朋友產生誤會。

此外，言語既然是一種交流的工具，便有它的長處，也有它的缺點，正如一池水可以養活魚蝦，也可以淹死活人一樣。

再者，因爲語言具有模糊性和意義不確定的特徵，有時候很容易引起誤會。

一句話可以這麼理解，也可以那麼理解，如果我們說話不注意，很可能會被人們誤解，警覺性不夠的人，還可能直以爲自己說得很好，忘了解開當中的誤會，讓友情不斷地出現裂痕。

所以，語言不僅是人際交流的最重要的工具，也是溝通辦事的時候最不能忽略的工作藝術之一。

話說得好，不僅是一個人修養水平高的表現，也是一個人增強自己儀表與風度必不可少的因素。

因為，沒有人會認為一個穿著整潔卻言語粗俗無禮的人有風度；相反的，即使一個人穿著樸實無華，只要談吐不俗，也會讓周遭的人刮目相看，而這便是說話的獨特與奧妙之處！

厚黑智典

戴爾．卡耐基說：「你傷害過誰，或許早已忘記了。可是被你傷害的人永遠不會忘記你，不過，他絕不會記住你有什麼優點。」

你喜歡聽反面的意見嗎？

聽取下屬的建議，是一舉兩得的事，既可以給人平易近人的感覺，又可以不用花費一分投資，無償地從別人那兒得到不同的看法和思想。

古羅馬詩人賀拉斯曾經說道：「讓別人的鐮刀心甘情願地割在你的麥穗上，是成功者必須具備的條件之一。」

想要別人幫自己兩肋插刀，一定要掌握說話辦事的各種訣竅，除了必須適時施以小惠，還必須適度在背後讚美。因爲，絕大部份的人都天眞地認爲，對自己有恩的人，就是值得賣命的恩人；在背後讚美自己的人，就是值得付出的朋友。

除此之外，要做一個合格的領導人，要善於徵求、聽取和採納別人的意見，尤其是下屬的意見，獨斷專行是領導者的大忌。

因爲，一個領導者能力的強弱，和權力的行使，最重要的關鍵在於是否能能得到下屬們的合作和支持。

獨斷專行是一堵牆，會把你和你的下屬隔離。

領導者不應只停留在被動地聽取下屬們的意見，應該主動刺激和鼓勵他們發表意見，徵求他們表達更多的建議，這是成功領導者的一個顯著的特徵。

在這個問題上，美國鋼鐵公司的總經理賈利爾看得非常透徹，他曾說：「我樂於聽取別人的意見，尤其喜歡聽反面的意見，在這一點上，我超過別人很多。」

因此，作爲一個領導，最緊要的是，要在下屬面前放下架子，不要以爲自己很能幹，不需要任何人的說明，而聽不進別人和下屬的話。

事實上，聽取下屬的建議，是一舉兩得的事，既可以給人平易近人的感覺，又可以不用花費一分投資，無償地從別人那兒得到不同的看法和思想，何樂而不爲呢？

因此，領導者一定要培養聽取下屬們意見的好習慣，不管他們的態度是誠懇的，還是高傲的，意見是成熟的還是幼稚的，採不採納完全取決領導者自身的考量。

在聽取下屬的看法時一定要專心、不能急躁、多疑。

換個角度而言，聽取下屬們的意見，實際上就是在利用別人的腦子替自己激發創意，經由自己的思考、判斷，就可以從中萃取許多有用的東西，爲自己所用，又有什麼不好呢？

厚黑智典

西魯斯說：「我常常因為自己的言語後悔，但從不為自己的沉默而後悔。」

美麗的藉口是成功的要素

美麗的藉口可說是緩和外來壓力最重要的武器。以正確的態度，在不犯法的範圍內，藉著堂皇說詞的幫助，往往能夠獲得令人欽羨的成功。

日本經營之神松下幸之助曾經說道：「任何事物，都有它的獨特性和實用性，即使是自己的髮型，也有它的廣告宣傳作用。」

的確，我們身處的是資訊發達的時代，也是一個容易成功的時代，能否成功的關鍵就在於，你是否能創造出一些打動人心的話語。

堂皇而美麗的說詞，是通往成功之路不可或缺的要素。

愈自私的慾望和行爲，愈需要美麗的藉口加以掩飾，否則就會導致人心離叛，遭遇強硬的抵抗和責難。

希特勒收攬人心的手段非常高明。

他掌握政權之後，立刻成立全世界第一個政治宣傳部門，專門歌功頌德、粉飾太平，創造美麗而動聽的口號煽惑人心，從事假公濟私的勾當。

我們可以從納粹組織的名稱，一窺希特勒竊用堂皇名義的梗概。希特勒稱它爲「德意志人民社會勞動黨」，並且強調納粹的宗旨是服務日耳曼民族、服務德意志、照顧勞動者……因此，獲得廣大德國人民支持。

德國要併吞奧地利時，希特勒說：「奧地利自古便是德意志神聖不可分割的一部分，應該歸還給德國。同一血統的民族，應該居住在一起。」

他要入侵捷克的時候，對國內宣稱：「居住在捷克的日耳曼人，受到極不平等的待遇，如牛馬一般受人歧視，供人驅駛。爲了拯救苦難的族人，我們必須義無反顧出兵攻打捷克！」

這些話，不僅爲自己提供了侵略的藉口，更激起了全國同仇敵愾的狂熱。

他的手段誠然卑劣，但卻十分有效。

即使像張獻忠，李自成這樣沒什麼智識水準的流寇，也懂得運用冠冕堂皇的口號招降納叛、收攬民心。

張獻忠高喊「不當差，不納糧」的口號，所到之處「望風迎順」，席捲中國半壁江山。

李自成的手法也相當高明，派部下四處教唱歌謠蠱惑人心，聲稱「殺牛羊，備酒漿，開了城門迎闖王，闖王來時不納糧」，一時之間，「往應者如流水，其勢燎原不可撲」，最後攻陷了北京城。

日本戰國群雄之一的豐臣秀吉，表現更加露骨、肉麻，連吃飯都可以說成「爲了織田家的前途而吃」。

織田信長去世之後，豐臣秀吉更把自己所做的每一件事，都冠上「爲了織田家的將來」、「爲了貫徹信長公未竟的遺志」。

但是，事實呢？豐臣秀吉「爲了織田家」而篡奪了織田家的霸業，殺了織田信長的長子信孝，又將次子信雄流放。

由前面所舉的幾個例子，我們可以清楚地知道，美麗的藉口可說是緩和外來壓力最重要的武器。

以正確的態度，在不犯法的範圍內，藉著堂皇說詞的幫助，往往能夠獲得令人欽羨的成功。

不過，千萬要記住，千萬不要借用冠冕堂皇的名義去作姦犯科、欺詐拐騙，或是誘人犯罪，否則，即使你能一時滿足自己的慾望，但最後仍不免落入法網，遭到法律嚴厲的懲罰。

厚黑智典

古羅馬思想家西塞羅：「人的眉毛、眼神和面孔常常欺騙我們，但最能欺騙人的，莫過於嘴裡說出的話。」

迂迴戰術是致勝的關鍵

不要一味強調自己的立場，應該為自己找到絕佳的出口。懂得以巧妙的迂迴戰術避實就虛，正是聰明人獲得勝利的重要關鍵。

想讓對方照著自己的意思去做，應當對不同的人應當採取不同的說話策略，並且時時注意變換談話的內容，面對那些經常口出惡言的粗鄙之人或是滿肚子壞水的小人，更應該選擇迂迴戰術加以回敬。

對付日常生活中遇到的狡詐之輩，我們並不需要跟著他們學會奸詐機巧，也不一定要以牙還牙、以眼還眼，但是，至少要懂得保護自己，學會察言觀色，讓自己隨時都能全身而退。

三〇年代時期，一位英國商人威爾斯向香港著名的茂隆皮箱行訂購了三千個皮箱，總共價值二十萬港幣。

當時，在雙方簽訂的合約中明確規定，全部的貨物要在一個月之內交付，如果逾期，賣方必須賠償英商十萬元港幣的損失費用。

在日夜趕工之下，一個月內，茂隆皮箱行經理馮燦如期向英商交貨。

沒想到交貨的時候，一開始就存心訛詐賠償費用的威爾斯，無計可施之餘，居然莫名其妙地質疑：「你們的皮箱夾層使用了木板，這批貨不是我們要的皮箱，你們必須重做『眞正的皮箱』！」

如此一來，原來製作的皮箱不僅不能交貨，而且還損失了皮箱的製作成本，更要多賠償十萬元。

面對威爾斯的無賴行徑，馮經理怒不可遏，卻又無可奈何，雙方多次交涉無效之後，只好鬧上法院，請法官審理解決了。

然而，法庭開庭審理之後，同爲英國人的法官似乎有意偏袒威爾斯，而消息也傳出，法官已準備判馮燦的詐欺罪名成立。

所幸，馮燦委託的律師羅錦文冷靜處理，而贏得最後的勝利。

在最後辯論過程中，當羅錦文面對強詞奪理的奸商和具有排華情結、心懷偏頗的法官，隨手從口袋裡掏出了一只英國出品的金錶，高聲問法官：「法官先生，請問這是什麼錶？」

只見法官神氣地說：「這是大英帝國的名牌金錶，可是我提醒你，這金錶與本案毫無關係！」

「當然有關係！」羅錦文高舉金錶，繼續大聲說道：「這是一只金錶，我們尊敬的法官已有定論，恐怕沒有人表示異議了吧？但是，我想請問各位，這塊金錶除了錶殼是以少量黃金打造之外，內部機件都是黃金材質嗎？」

法官和威爾斯這才發覺，他們中了律師的「圈套」，但爲時已晚，自己言之確鑿的回答，早已成爲對方最有利、最無可辯駁的證據。

羅錦文抓準時機地繼續說：「既然金錶中的部件零件允許非金材料，那麼，皮箱中的部件材料爲何非要全都是皮製品呢？我們可以很明顯地知道，在這個皮箱案中，純粹是原告威爾斯無理取鬧，存心敲詐而已！」

於是，在衆目睽睽之下，威爾斯一時詞窮，法庭也不得不判威爾斯誣告罪，並罰款五千元港幣了結此案。

面對相同的狀況，「以其人之道，還治其人之身」才能徹底擊敗對方，因此，對於蠻橫無理的人，不要一味強調自己的立場，應該避開雙方相持不下的情況，爲自己找到了絕佳的出口。

懂得以巧妙的迂迴戰術避實就虛，用對方的邏輯來打敗對方，正是聰明人獲得勝利的重要關鍵。

厚黑智典

歌德說：「唯有具備真才實學的人，既了解自己的力量，又善於適當謹慎地使用自己的力量，在世俗事物中獲得成功。」

製造輿論達成自己的目的

利用廣告行銷的手法，來達到宣傳與刺激人心的效果。不急功好利，凡事循序漸進，等待最佳時機的到來。

歷史上的帝王爲了掌握權勢，擁有榮華富貴，有時也必須製造輿論宣傳，讓自己可以名正言順的登上龍位。

武則天是中國歷史上第一個女皇帝，威名至今仍歷久不衰。

原本是唐高宗寵妃的武則天，自從得寵之後，便經常在唐高宗身邊協助處理各大小政事，讓她有機會掌握朝中大權。

唐高宗去逝後，繼位的唐中宗品性儒弱，凡事都聽母親的話，這也讓武則天萌生野心，想要自立爲帝。

只是，在當時男尊女卑的社會中，想要女人當家，談何容易？武則天明白自己當皇帝的時機還未到，只好暫時另立豫王為唐睿宗，讓他做個掛名皇帝。

然而，不少大臣卻屢屢勸諫，要武則天儘早把權力交還給睿宗，李敬業甚至招集十餘萬兵馬，誓言要殺掉垂簾聽政的武則天。

面對如此強大的反對力量，武則天心裡明白，即使目前坐上皇帝寶座，眾人不服，民心不穩，恐怕要在歷史上留下惡名。於是，她決定要費些時間為自己製造擁戴的聲勢，改變人們的觀點。

表面上，她先是擺擺樣子歸政於睿宗，暗地裡卻要他堅決辭退，讓外界覺得自己像似逼不得已才臨朝掌政一般。

接著，她又讓侄子武承嗣派人在石頭刻上「聖母臨人，永昌帝業」幾個字，並塗成紅色，扔進洛水，由雍州人唐同泰取來獻給朝廷。於是，武則天便親祭南郊，稱此石為授聖圖，改洛水為昌水，封洛水神為顯聖侯，給自己加封聖母神皇，並舉行了聲勢浩大的拜洛受瑞儀式。

此外，她又命令一位御史率領關中百姓九百餘人，來到朝廷上表，懇請武則天親臨帝位，武則天佯裝不答應，卻又馬上把這個御史升職為給事中。當大家看見這個御史如此輕易就升官，開始紛紛效法，上表奏請武則天登上帝位。

如此大造輿論，百姓們都以為武則天稱帝是上應天意、下順民心，而百官群臣或為升官或為自保，也順水推舟恭請武則天早日登位。

時機成熟之後，武則天這才廢了睿宗的帝位，親自登基，成為一代女皇。

以現代角度來看，武則天正是利用廣告行銷的手法，來達到宣傳與刺激人心的效果。不急功好利，凡事循序漸進，等待最佳時機的到來，正是她的重要手段，更是從古至今，許多成功者一再提醒我們的成功要點。

厚黑智典

泰德．貝特西說：「行銷的力量是長期有效的，運用得當的話，它就像是一件永不褪色的新衣服。」

不利於己的話其實對你有利

一再強調自己的優點，這樣反而缺乏說服力。還不如利用人類潛在心理的「彆扭心態」，來取得對方的信任。

美國在費城舉行憲法會議的時候，會議中分為贊成派和反對派，討論相當白熱化。出席者的言論都非常尖銳，甚至演變成人身攻擊。

由於出席者有著人種、宗教方面的差異，利害關係相同的人自然結合在一起，議會充滿了火藥味和互不信任的氣氛。

眼看會議即將決裂時，持贊成意見的富蘭克林適時出面收拾了紊亂的場面，終於促使了憲法成立。

面對反對派猛烈地攻擊，富蘭克林不慌不忙地對他們說：「老實說，對這個憲法我也並非完全贊成。」

這句話一出，議會紛亂的情形霎時停止了，反對派人士不禁感到懷疑，富蘭克林既然是贊成派，爲什麼不完全贊成自己所提的憲法呢？

富蘭克林頓了一會，才繼續說：「我對於自己贊成的這個憲法並沒有信心，出席本會議的各位，也許對於細則還有些異議，但不瞞各位，我此時也和你們一樣，對這個憲法是否正確抱持懷疑態度，我就是在這種心境下來簽署憲法的。」

佛蘭克林的這番話，使得反對派的激動和不信任態度終於平靜下來，美國的憲法終於順利通過。

一般人爲了要化解對方的不信任感，往往會以強硬的口氣說「請你相信我的話」，或者強調說「根本沒有那回事」，結果反而使對方的不信任感更加強烈。因爲這樣說，就像是要將對方的不信任全面否定，只保留自己單方面的主張，實際情況是一種正面的攻擊，這樣做是不會產生任何效果的。

對於一件事情，如果光是強調好的一面，那麼對方對於你所說的話，就會存有不信任的潛在心理。

例如，你可以先給對方一些不利於自己的消息，使對方覺得你「還蠻老實的」，這樣一來，他就會產生想聽你繼續說話的意願，你便可以附帶地爲自己說些好話，在不知不覺中，對方就會順利地接受你的誘導。

富蘭克林就是利用了這個技巧，先說一些對自己不利的話，使對方反而產生了信任感。

厚黑智典

法國思想家拉羅什富科說：「仔細的傾聽和妥當的應答，是我們在談話藝術上所可能達到的最完美境界。」

要有勇於認錯的氣度

唐太宗與魏徵之間的故事之所以成為千古佳話，原因正在於，唐太宗為了使自己成為一代明君，能做到勇於認錯，善於納諫。

唐朝貞觀年間天下太平，時日一久，唐太宗就漸漸奢侈起來，於是魏徵的意見就越來越多。有時候，唐太宗聽得不是滋味，就拉下臉來，但魏徵彷彿視而不見，照樣據理力爭，讓唐太宗下不了台。

有一次，在早朝的時候，魏徵與唐太宗爲了某件事爭得面紅耳赤。

唐太宗顧及自己的形象，勉強忍著沒有當場發作。

但是，一回到內殿，他便氣沖沖地破口大罵：「總有一天，我要把魏徵這個可惡的傢伙殺掉！」

長孫皇后問他為何此氣憤，唐太宗回答說：「這個傢伙總是當著文武百官的面羞辱我，我實在忍無可忍。」

長孫皇后聽了之後不發一語，隨即轉身進了內室。

不一會兒，她穿了一套朝覲的正式衣服，一走出來就對著唐太宗行跪拜祝賀的大禮。唐太宗不知她葫蘆裡賣什麼藥，便問她究竟是幹什麼。

長孫皇后答道：「我聽說，只有在英明天子的統治下，才會有正直無畏的大臣。魏徵這樣直言不諱，不正說明了陛下的英明嗎？所以，我應該祝賀你才是。」

長孫皇后的一番話使唐太宗清醒了許多。從此他非但不再忌恨魏徵，反而勉勵他以後要多提意見，要繼續揭短。

後來，魏徵年事已高，又體弱多病，要求辭官返鄉，唐太宗堅決不同意，並對他說：「金屬摻在破石中就毫無用處，只有將它冶煉出來才能做成器具。我怎能讓你告老辭職呢？」

魏徵病逝之後，唐太宗十分傷心，他在朝廷上歎息著對列位大臣說：「一個人以銅為鏡，可以端正自己的衣冠與行為舉止；以歷史為鏡，可以明白歷代興亡的原因；以人爲鏡，可以知道自己行爲的是與非。我曾經擁有這三面鏡子，時時對照，以儘量減少自己犯錯。現在，魏徵去世了，朕喪失了一面好鏡子。」

此外，唐太宗還要求群臣效法魏徵直言不諱的精神，認爲施政有不妥之處，一定要勇於發出諫言。

唐太宗與魏徵君臣之間的故事，之所以成爲千古佳話，原因正在於，唐太宗身爲一個至高無上的封建皇帝，爲了使自己能夠成爲一代明君，能做到勇於認錯，善於採納諫言，對後代領導者的啓迪和教育方面，發揮跨越時空的影響力。

厚黑智典

林德伯格說：「有益的交談如同咖啡一樣讓人振奮，事後也一樣地難以入睡。」

二十種交不到朋友的說話態度

交朋友靠緣分，做人也不必八面玲瓏，但假如你生活中的朋友一個個和你疏遠，就必須捫心自問，自己說話的時候是否犯了某些錯誤。

哲學家蒲魯塔克曾經說：「不懂得說話藝術的人，要是他希望被愛，反而會被憎恨；當他們想取悅別人，反而讓別人感到厭煩。」

確實如此，殊不見，在我們的周邊，不就有許多人以爲自己受人尊敬，其實卻是受到恥笑，以爲自己是說話高手，卻被別人當成小丑？

他們往往傷害了朋友，娛樂了敵人，毀滅了自己。之所以會如此，正是因爲犯了說話之時的若干錯誤。

在現代生活中，每個人或多或少都有自己的朋友。與朋友交往時，與其由自己主觀地判定他們，倒不如先明白他們對自己的觀感，這樣對彼此日後的交往，或許會有更良性的發展。

如果你未曾留意別人對自己的觀感，往往就會忽視自己惹人討厭的一面，或是盡做出「用熱臉去貼別人的冷屁股」之類的傻事。

事先了解別人對自己的觀感，可以設法改正自己的缺失。

如果，虛心檢討自己之後，認爲對方的看法有所偏頗，或是某件事錯在對方，那麼，你大可選擇不和他做朋友。

虛心檢討自己的缺點，並且加以改正，是結交知心朋友的必備條件。以下列舉的是交友的忌諱：

1. 逢人光誇耀自己，話題一直繞著自己的瑣事打轉。
2. 一個人口沫橫飛說個不停，根本不顧別人喜不喜歡聽。
3. 炫耀自己的頭銜、地位、財富和自以為是的「豐功偉績」。
4. 動不動就脫口說出攻擊別人的話，還自認為率性耿直。

5. 老是板著臉孔，神情嚴肅地訓斥、挖苦別人。
6. 喜歡當眾嘲弄調侃別人，自認為是幽默大師。
7. 炫耀自己的學識，說起話來咬文嚼字，裝模作樣。
8. 言談過於謙卑虛假，一味唯唯諾諾地附和別人。
9. 老是在人前裝成一副大好人的模樣。
10. 總是見人說人話、見鬼說鬼話，時常見風轉舵。
11. 滿不在乎地說謊，謊言被拆穿了還一臉無辜的模樣。
12. 善於迎逢拍馬，急於獲得上司關愛的眼神。
13. 假借誠實作為幌子，滿口仁義道德。
14. 言談之間盡說些他人的隱私和八卦話題。
15. 偏愛悲傷的話題，老是把氣氛弄得沉悶。
16. 經常對人抒發內心的牢騷，把別人當成「垃圾桶」。
17. 老是背後說別人壞話，議論別人的是是非非。
18. 說話太粗鄙下流，一副沒受過教育的模樣。

19.不管親疏、地點，舉動總是隨隨便便。

20.忌諱的事情太多，使別人講話也得小心翼翼。

交朋友靠緣分，做人也不必八面玲瓏，但是，假如你生活中的朋友一個個和你疏遠，那麼，你就必須嚴肅地捫心自問，徹底檢討自己，說話的時候是否犯了以上不該犯的錯誤。

厚黑智典

科明尼說：「人們不會因為話說得太少而後悔，卻常常因為說得太多而後悔。」

PART 2

説話的態度
左右你的前途

如果彼此有不同意見，

只需讓他們知道自己的看法就行了，

不必和他們激烈爭論，辯得臉紅脖子粗。

拍拍馬屁，才會討人歡喜

先真誠地讚美對方，拉近了彼此的距離之後，再開始解釋自己的想法，便能讓對方靜下心來傾聽，進而認同你的想法。

奧地利心理學家阿德勒在《超越自卑》一書中曾經指出：「我們在日常生活中所發生的一切衝突與糾紛，大都起因於那些讓人覺得討厭的聲音、語調，以及那些不良的談吐習慣。」

的確，人與人互動的過程中，不懂得說話藝術和技巧的人，既不可能擁有良好的人際關係，辦事之時也不可能達成自己的目的。

幾乎沒有人喜歡聽別人直接指出自己的缺點，所以，和別人溝通的時候，必須運用說話辦事的技巧，先眞誠地讚美對方，製造愉快的氣氛，卸下對方的心防，拉近彼此的心理距離。

只要能夠拉近了雙方心理上的距離，我們便能開始解釋自己的想法，對方也才不會拒人於千里之外，可以靜下心聆聽並認同我們的想法。

或許，有人會不屑地說：「做人應該像個男子漢大丈夫，行事光明磊落，爲何要拍人馬屁？」

其實，拍馬屁並不是天花亂墜胡說一通，或是睜眼說瞎話隨便說說的，而是一種巧妙運用語言力量的藝術。

拍馬屁的時候，如果對象是年輕人，他們當然希望自己前途無量，所以應該稱讚他未來的潛力無窮。

面對年紀較大的人，他們有兒有女，通常會把希望放在年輕的一輩，所以不妨將話題轉到他們的孩子們身上，甚至可以比較彼此的子女，指出孩子們青出於藍的地方，並且加以適度稱讚，如此一來，必定能讓他們高興得合不攏嘴。

有一則關於拍馬屁妙用的笑話，大意是這樣的：

有個馬屁專家死後，來到了閻羅王面前，閻羅王一見到他就拍案大罵：「好一個刁鑽狡猾的東西，我最痛恨像你這樣的小人！」

馬屁專家一聽，連忙跪下叩頭喊道：「冤枉啊冤枉，閻王爺您有所不知，我之所以好拍馬屁，是因爲世上的人都只喜歡聽好話，我才不得不隨波逐流。如果，世人都能像大王您這樣明察秋毫、公正廉明，我哪裡還需要這麼做呢？」

閻王高興地哈哈大笑，直說：「也對，諒你也不敢拍我馬屁。」

雖然這只是一則小笑話，倒也說明了拍馬屁的要訣，在於如何掌握分寸，如何把握住重點。

說話不能言過其實，既要讓對方能夠認同你的說法，卻又不能太過諂媚而引人反感，這些都是不得不拍別人馬屁的時候，必須小心注意的地方！

其實，對於周遭的朋友和同事，偶爾也得拍拍馬屁。

日常生活中，人與人相處久了，難免會忽略應該有的禮貌，所以有人會說：「朋友都那麼熟了，不需要在意那麼多禮節吧？」

正是因爲彼此太熟了，我們才更要在見面時相互問候示好。因爲，我們得到他們的幫忙更多，能夠把感謝放在心上，把感激掛在口上，更能突顯你的細心與用心。

不要感到不好意思，這些看來稀鬆平常的細節，其實隱藏著你心中的尊重及心意，是最不能忽略的地方。

厚黑智典

戴爾．卡耐基說：「不尊重別人感情的人，最終只會引起別人的討厭與厭惡，很難達到溝通的目的。」

先摸清對方的喜好，才能對症下藥

想要說服一個人，必須先了解對方的個性或喜好，再以此想出對策，才能達到事半功倍的效果。

日本有句諺語說：「道逢劍客則談劍。」

意思是說，不管是要和別人進行感情交流，或是想說服對方，都必須先摸清對方的習性和偏好，如此才能對症下藥。

一九一四年，國學大師章太炎被袁世凱軟禁在北京的龍泉寺中，氣憤的章太炎便以絕食做爲反抗。

章太炎絕食的消息很快地便傳了出來，他的幾個入門弟子，像是錢玄周、馬夷初、吳承仕……等人，都連忙趕去探望他。

這些弟子們從早上勸到晚上，請他一定要進食，但是，章太炎躺在床上，閉緊了嘴，說什麼都不肯吃。

這時，吳承仕靈機一動，想起了三國時代劉表殺禰衡的故事，便問章太炎說：「先生比起禰衡如何？」

章太炎瞪大眼說：「禰衡怎麼能跟我比？」

吳承仕連忙回答道：「劉表當年想要殺禰衡，但自己不願蒙上殺士之名，就指使黃祖下手。現在，袁世凱比劉表高明多了，他不用勞駕黃祖這樣的角色，就可以讓先生自己殺自己！」

「什麼話！」章太炎一聽，立刻坐了起來。

這群子弟一看這個情況，知道說了中老師的心懷，便趁機拿出了先生愛吃的東西，只見章太炎什麼都沒說，一口氣就把所有東西都吃光了。

故事中性情剛直的章太炎，想以絕食行動對袁世凱表達抗議，經學生舉出歷史典故，並巧妙地點出絕食之舉，是幫袁世凱「殺自己」的行動，這才令他放棄絕食的行爲。

一般人總會以懇求、責罵或是強迫的方式，試圖令對方就範，但這樣做往往只是徒勞無功，甚至會造成反效果。

其實，想要說服一個人，必須先了解對方的個性或喜好，再以此想出對策，才能達到事半功倍的效果。

厚黑智典

史賓塞．強森說：「不論你是否期待，事情還是會不斷地變化。因為你沒有預想到或是不希望發生，改變才會令你驚慌失措。」

責備，是最愚蠢的行為

新加坡作家洪生在《人性談》裡說：「人如冬天裡的刺蝟，太過疏遠就會各自覺得寒冷，可是過於靠近又會互相刺傷。」

談到說話辦事技巧時，班傑明．富蘭克林曾在自傳中勸告世人說：「建立人際關係的第一要則，就是不要責備對方。」

美國總統林肯也曾語重心長地說：「責備與中傷是最愚蠢的行為。」

他們兩人年輕時代都經常爲芝麻小事激烈指責別人，後來，也都從自己的慘痛經驗中，充分了解這種做法的愚昧。

有一次，林肯指責一位同僚的缺失，對方惱羞成怒，憤而向他挑戰，林肯差點就命歸黃泉。從此之後，他不再任意責備別人，即使是善意的批評，也儘量不說。

這種改變，使得他的人際關係大爲好轉，廣受大衆歡迎，後來終於成爲美國歷史上偉大的政治家。

新加坡作家洪生在《人性談》裡說：「人如冬天裡的刺蝟，太過疏遠就會各自覺得寒冷，可是過於靠近又會互相刺傷。」

這是因爲，人與人往來密切，不免因爲錯綜複雜的人際關係，造成雙方或多方、或明或暗的攻擊。

絕大多數的人都認爲自己的觀點和言行才是最正確的，錯誤的是社會大衆，無論何時何地，都本能地將自己美化、正確化；即使是被公認爲性情乖僻的人，也會執拗地認爲「衆人皆醉，唯我獨醒」，這是人類難以改變的心理特徵。

就算是再怎麼客觀的批評或是再怎麼懇切的責備，一般人聽了，也會覺得自尊心受到傷害而難以接受。

因此，人只要一遭受批評，就立刻採取刺蝟般的防衛態度，豎起身上的每一根刺，加以反駁、反擊。

即使他表現出虛懷若谷、勇於認錯的態度，心中也許還是忿忿不平，盤算著如何伺機報復。

日本明治時代的大作家夏目漱石對於這種現象有著極爲深刻的體認，他說：「別人對你道歉，向你賠禮，如果你信以為真而原諒他，那你就是個誠實過頭的傻瓜。你必須這麼想：道歉只是表面上的道歉，原諒也是表面上的原諒。」

由此可見，率直地責備與批評別人，對自己根本沒有用處，只會使你的人際關係受到磨損。

尤其是面對性情狡詐、陰沉的人，責備與批評只會浪費自己的生命，替自己製造潛伏的危機。

厚黑智典

科比爾說：「談話永遠應當是旁敲側擊，而不應直來直往，使自己陷入無可退避的窘境。」

說話的態度左右你的前途

如果彼此有不同意見，只需讓他們知道自己的看法就行了，不必和他們激烈爭論，辯得臉紅脖子粗。

熟悉說話的藝術，人與人之間就可以在融洽的氣氛中，彼此交流想法和看法。有時候，你和某人並沒有交集點，但是，適時的說話技巧卻可以讓彼此敞開胸懷，建立起友誼的基礎。

德國心理學家馬克．拉莫斯曾經提醒我們：「不管贊成或者是反對某件事，兩種意見總是會有大量的理由。語言的藝術就在於你如何充分地表達，但是百分之九十九的人，卻經常忽略說話的重要性。」

想要建立良好的人際關係，成功地使事情朝自己期望的方向發展，就不能不加強自己說話的方式。

辦公室裡的人際關係錯綜複雜，對上班族來說，懂得應該怎樣應對進退，是建立良好人際關係的第一大要素。

辦公室裡的談話辦事方式也是一門藝術。

首先，對年長的同事應當謙虛、服從。

年長的人生活經驗豐富，有很多值得年輕人學習的長處，但有時會過於保守謹慎。因此，與這些人交談時，即使你有不同看法，也不可採取不屑的態度，或口出狂言，應該給他們起碼的尊重。

如果在辦公室裡你是前輩，那麼，和年輕的同事談話時更應該拿捏應有的分寸，保持穩重的態度。

因爲年輕人容易衝動，又缺乏工作經驗，因此說話之時，切記不要隨意附和，以免降低自己的身份。

如果彼此有不同意見，只需讓他們知道自己的看法就行了，不必和他們激烈爭論，辯得臉紅脖子粗。

此外，要想獲得年輕人的尊重，絕不可以信口開河、誇大其詞，一旦被他們發現，自然而然的，對你的尊重和信任也將消失。

有些人一和地位高的人談話，自卑感就會顯露出來，使原本清晰的思路變得模糊混亂，講話支支吾吾。

也有一些人和職位高的人說話時，習慣大言不慚，而且滿臉不屑的表情，缺乏最起碼的禮節與尊重。

這些都是錯誤的說話辦事態度。

與職位比自己高的同事說話，不管他是不是你的頂頭上司，都應當保持適度的禮貌，一則他的地位高於你，保持禮貌對你日後的工作會有所助益，若能從談話中知道一點公司的內幕，更將使你從中獲得某種機遇。

再者，他能爬到現在的位置，必定有某些能力、知識、經驗、智慧值得你學習，在口頭上尊重他也是應該的。

當然，尊重職位比你高的人，並非得做一隻應聲蟲不可，那樣的話，他會認爲你是一個唯唯諾諾、毫無主見的人，對你留下一個難成大器的印象。

與職位高過自己的人談話，應該以他的談話爲主題，多聽話、少插言，並做到集中精神。自己講話時儘量不偏離主題，同時保持輕鬆自然的態度，坦白爽朗地說出自己的想法。

與地位低的同事談話也要掌握分寸，既不可一副趾高氣揚的模樣，也不要過於親密，更不要用教訓的口氣滔滔不絕地說個不停。應該保持和藹有禮的態度，對於他的工作成績加以肯定和讚美。

厚黑智典

古希臘作家荷馬說：「把你激動的心情按捺下去，因為溫和的方式最適宜；還要遠離那些劇烈的競爭。」

掌握說話應有的分寸

說話的藝術不但是要會說，還得要善聽。所以，除了說話要小心應有的分寸外，專心傾聽是溝通時的重點。

俗話說：「言多必失」，這是因爲說話之時必須要掌握應有的分寸，話說多了難免出現意想不到的負面作用。

此外，古代的哲人也奉勸我們「逢人只說三分話，不可全拋一條心」，對於不能推心置腹的人，最好只說三分話，另外的七分話放在心裡就好。

大多數人或許都會這麼認爲：「自己做事坦坦蕩蕩，哪有什麼是說不出口的呢？更何況，對待朋友更應該知無不言、言無不盡，如果有所保留，那不是顯得自己心機太深沉了嗎？」

你認爲這是心機太深嗎？還是因爲你根本就忽略了言詞上尊重的距離呢？試想，如果對方不是能與你互相了解的知己，話說得太多，反而更容易造成彼此的誤會與困擾啊！

而且，如果你一味地只顧著表達自己的想法，對方很快會失去了對你的神秘感，因爲太容易了解你而感到厭煩，甚至以爲你根本沒有什麼潛力可以挖掘，而失去了深入交往的興趣。

或者，當你毫無心防，大剌剌地把心事跟對方傾訴時，對方卻因此產生戒心，擔心你們今天的話題，明天就會成爲流傳在別人之間的耳語。朋友之間如果沒辦法守住秘密，關係也很難維繫長久。

所以，說話的藝術不但是要會說，還得要善於掌握應有的尺度；除了說話要小心分寸之外，傾聽時也要專心。

多數人遇到鬱悶的事情，總會想尋找朋友傾吐苦水，發洩一下。

此時，我們如果能夠善於傾聽，以安靜、理智且流露同情的態度，讓對方感到你也正在爲他的事情煩惱，感覺你對他的關心和重視，無形之中就會讓彼此的感情愈來愈深厚。

古人有云：「聽人言毋須評審，亦勿恍惚而思別事。」

傾聽的關鍵在於專心，有時候也不一定要急著幫人出主意、提建議，只需安靜地傾聽就好，如此，更能讓你的朋友願意與你接近。

厚黑智典

富蘭克林曾說：「當你對一個人說話的時候，看著他的眼睛；當他對你說話的時候，看著他的嘴巴。」

交淺言深會成為你的致命傷

儘量不要與窮極無聊的長舌同事議論別人的是非，更不可盡挑些上司、同事之間的八卦新聞東談西扯，破壞了辦公室裡和諧的氣氛。

英國作家托．卡萊爾曾經這麼提醒我們：「在人與人的交往過程中，禮儀越是周到就越保險，運氣也會越好。」

謹慎而恰當地與周遭的人應對進退，正是職場應該注意的禮儀，尤其是面對異性同事，更要拿捏好應有的尺度。

和辦公室裡的異性交談，應該注意彼此性別不同，採取不同的談話方式。

同性別的同事交談，有時會隨便些，但若是和異性談話，就應特別當心。當然，要注意的是男女有別，而並非處處設防、步步爲營。

譬如，辦公新來一位女同事，女性之間就自然會問起年齡、婚姻狀況，若是男同事一開始就問這些問題，恐怕不僅是她，其他人也要懷疑這個人心術不正了。

女同事與男同事談話時，應該態度莊重、溫和大方，千萬不要言詞輕佻，搔首弄姿，爲自己帶來不必要的騷擾。

男同事在女性面前往往喜歡誇大其詞，試圖顯示自己有多大的本事，並愛發表自以爲超人出衆的思想，目的自然是引起對方的好感。

這些話語，女性都只能姑且聽之，不要過於相信。

如果對方是個長舌的傢伙，嘮嘮叨叨說個沒完，實在令妳難以忍受，那麼大可藉機打斷他的話。

同一辦公室裡，倘若對方不是交情深厚的同事，千萬不可肆無忌憚地暢所欲言。

彼此關係淺薄，交情普通，你卻硬要和他深談，是件相當危險的事，有時會替自己招惹一些不必要的麻煩。

因此，在同一個辦公室內，要和周遭的同事搞好關係，談話時要考慮到親疏關係，一般程度的，大可只談天氣、社會局勢，少談自己的私事，也不要批評公司內部的重大決策；當然，這並不是要你與同事只保持表面上的客氣，平時在工作上還是應該互相幫助。

要注意的是，儘量不要與窮極無聊的長舌同事議論別人的是非，更不可盡挑些上司、同事之間的八卦新聞東談西扯，這不但影響同事間的團結，同時也破壞了辦公室裡和諧的氣氛。

厚黑智典

斯溫伯恩說：「人們在尖刻的言語之中摘不到果子，在他們搖動大樹根部時，得到的是扎人的刺。」

如何讓自己的「語言」動聽？

與人談話的時候，臉上最好帶一抹微笑，因為微笑是人與人之間溝通的橋樑。萬一真的笑不出來的時候，只要以誠摯的態度交談就行。

平時，我們與人交談、交往的時候，大都希望自己能在對方心目中留下一個良好的印象，因此，莫不講究語言方面的技巧和修辭。

語言的技巧，著重在「巧」字上。掌握了一定的語言技巧，對於日常的交際活動肯定大有助益，但是光講究技巧，本身卻欠缺美感就會充滿匠氣，反而俗不可耐。

要使對方與你交談之後心情舒暢愉快，除了注意舌頭的說話技巧外，還得從兩個方面來考慮，第一是要給人優雅的視覺形象，第二是要給人悅耳的聽覺形象。

俗話說：「佛要金裝，人要衣裝」，說明了得體的打扮能使對方留下賞心悅目的印象。服飾的搭配要與交談的場景、氛圍相和諧，穿著打扮則必須符合本人的年齡、職業和性格。

另外，與人交談、接洽事情時，還應該注意交談的姿態，即使是在非正式場合，也不能忽視自己的舉止風度。

請記住，站有站相，坐有坐相，千萬不要表現出一副懶散的模樣。

再者，要懂得尊重交談對象，不要在交談時蠻不在乎地翹腳搖腿，或擺出一副好像很了不起的架勢，那是一種很沒有修養的表現。

精神面貌也是視覺形象的一個重點。面色灰暗的人應當適度補妝，上了夜班，眼圈發黑的人應該睡一覺以後再與人交談。試想，誰願意和一個無精打采、說話總是哈欠不斷的人交談？

與人談話的時候，臉上最好帶一抹微笑，因爲微笑是人與人之間溝通的橋樑。但是，萬一眞的笑不出來的時候，也不必費心強裝笑臉，只要以誠摯的態度交談就行。說話的時候，切記不要舉止輕佻、面部表情誇張、說得口沫橫飛，這些醜態都會令人反感，但是，過分的拘謹也沒有必要。

大家都曉得，若要語言動聽，讓聽者產生愉快的感覺，就要把握抑揚頓挫，注意氣氛，適度把對方當成談話的中心，使對方在心理上獲得一種被尊重或寵愛的感覺。對方明白自己在他人心目中的位置，當然心花怒放。

因此，語言要說得動聽，要使對方感動，應該時時把對方放在談話的主角位置。即使對方出了差錯，你萬不得已必須批評對方之時，也仍然要把對方放在主要位置上，不要牽扯其他人事物。

如此一來，對方會覺得人格受到尊重，即使你沒有嚴厲地批評他，他自己也會深刻地反省，把以後的工作做得更好。

厚黑智典

英國政治家麥考利說：「口才好的人談話，幾乎無不使用一點活潑輕快的詭辯，和一時足以自欺欺人的誇大。」

不要用舌頭滿足自己的虛榮

壓倒對方，除了滿足自己的虛榮，又能獲得什麼實質益處呢？對方並不會因此而改變，只會對你產生排斥的心理。

世間盡是好發議論、喜歡附會風雅之徒，連見識淺薄、不識之無的人，也喜歡在大庭廣眾喋喋不休或舞文弄墨；如何裝聾作啞，無疑是處世的一大要訣。

富蘭克林曾經說：「經由爭論駁倒對方，所獲得的勝利毫無價值。」

他說得一點都不錯。

人在不同的生活環境成長，自然會形成不同的立場、想法、價值觀念、意識型態。既然如此，又何苦彼此爭論不休呢？

有一位將軍是個大老粗，卻偏偏認爲自己有寫詩的才華，硬要別人叫他「儒將」，而且三不五時就要把自己的「大作」拿出來炫耀一番。

有一天，這個將軍又完成了一首詩，碰巧一個參謀前來請示軍務，將軍便要參謀將自己的「詩作」品析一番。

參謀看完之後，皺著眉頭說：「論行軍打仗，您絕對是第一流，但是論寫詩，恐怕只能算是第九流。」

將軍聽了，臉色一沉，立即命令士兵將這個參謀關到軍營後面的豬圈，大罵說：「你這傢伙跟豬一樣沒品味，活該跟那些豬關在一起。」

第二天，將軍又寫了一首詩，便命令士兵把參謀帶到營中，對他說：「我一定要用這首詩感動你的豬腦袋。」

參謀看了將軍的詩作一眼，便低著往外走。將軍看得莫名其妙，連忙叫住他：「你要去哪裡？」

參謀十分無奈地回答說：「報告將軍，我自動回去豬圈當豬好了！」

富蘭克林年輕的時候血氣方剛，經常和別人爭論激辯，企圖在壓倒別人，突顯自己的才學、見識，同伴們都討厭他這種習性。

一位老朋友看不過去，便語重心長勸告他說：「每當別人的意見與你相左，你就好像鬥雞一樣和對方爭執不休。這種惡習，使得大家逐漸和你疏遠，討厭與你交談。再這樣下去，你將會失去所有的朋友。」

這番話在富蘭克林心中產生劇烈衝擊。他領悟到自己所獲得的，只是表面的勝利；將對方駁倒，心中固然很舒服，但是，被自己駁倒的一方，自尊心受損，產生了對抗心理，更加不可能贊同自己的意見。

富蘭克林悟透這層道理之後，開始避免和別人爭論。

嚴格來說，懂得裝聾作啞的人，比喜歡說話的人更聰明。

在言詞上壓倒對方，除了滿足自己的虛榮，又能獲得什麼實質益處呢？

對方並不會因此而改變自己的立場、想法、價值觀或意識型態，只會對你產生排斥的心理。

就像前述那位參謀一樣，即使將軍用強迫性的手段要他誇獎自己的詩寫得很好，他還是寧願回豬圈當豬。問題是，到底誰才是豬呢？

厚黑智典

作家史蒂文森說：「愚人把所有的談話都看成炫耀賣弄的大好時機，藉以滿足自己的虛榮。」

謙虛就是最好的防禦

當一個人產生反感時，潛在心理就是希望自己的優越感能夠得到認可，如果他發現自己比對方還要差時，就會對對方更加反感。

林肯還沒當總統之前，有一次，一個暴徒怒氣沖沖地拿著手槍指著他，並對他說：「我曾發過誓，如果有一天遇到一個比我還醜的男人，我一定當場把他打死。」

沒想到，林肯不慌不忙地向那個暴徒承認，自己確實是一個醜男人，並且對他說：「你如果想打，就打吧！」

結果，這個暴徒的氣消了，自動離開。

林肯真不愧是一個聰明人，他對暴徒說話時態度謙卑，因而化解了自己的危機。

如果他對暴徒採取高高在上的姿態，必定會引起暴徒更大的反感。

林肯面對暴徒的威脅羞辱，仍仔細去聽對方的話，並消除對方複雜不平衡的情緒，當然是由於他承認自己是一個醜男人，使得暴徒對林肯反感的理由瞬間都消失了。

當一個人產生反感的情緒，潛在心理就是希望自己的優越感能夠得到認可，如果他發現自己比對方還要差時，就會對對方更加反感。

所以，一個人如果心理狀態不夠健全，就會因爲自己的自卑感，而對別人的優越產生反感。有了這種不健全的心理後，便醞釀出一種攻擊性的防禦策略。

林肯的做法就是放棄自己的優越性，讓自己處於「委屈」的卑下地位，先接受對方的反感，然後再誘導對方接近他，這的確是一種能使對方接受的有效方法。

千萬要記住，謙虛就是最好的防禦。

厚黑智典

英國思想家富勒說：「當你心中有著怒火的時候，說話的時候，總是有一些火星會冒出口中。」

PART 3

話題選得好，溝通沒煩惱

每個人都有自己的話題禁區，
不容他人擅自闖入。
不然的話，後果輕則損害交談，
重則傷害感情，
甚至導致對立或關係破裂。

話題選得好，溝通沒煩惱

每個人都有自己的話題禁區，不容他人擅自闖入。誤闖禁區的後果，輕則損害交談，重則傷害感情，甚至導致對立或關係破裂。

談話是一種心理溝通，也是思想與感情的交流，應當有利於解決問題、推動工作、增進了解、發展友誼，從而令人心情愉快。

每個人都需要別人的關懷和幫助，所以，關心對方也是一個永遠受歡迎的話題。

有一位女記者，曾與伊麗莎白女王在雞尾酒會上做過簡短交談。一開始她就問女王，昨天是否在風雨中視察過鐵礦，這使女王十分驚訝。

原來，女王外衣染有紅褐色的礦屑，經女記者提醒才發覺。

由於女記者的交談從關心女王的話題開始，自然引起女王的好感，使得這次交談十分融洽、成功。

在生活中，和病人談治病強身，同家長談培養子女，同青年談發展方向，同主婦談家庭生活，同學生談如何提高成績……這些話題無疑都是比較輕鬆愉快的。精選話題時除了注意對方的需求外，還要小心避開「地雷區」，儘量選擇那些「安全係數大」的話題。

所謂「安全係數大」，可以從兩個方面談起：

首先，不要交淺言深，誤入禁區。

每個人都有自己的話題禁區，不容他人擅自闖入。譬如個人隱私、癖好，或殘疾人士的生理缺陷等等，這一類內容應當加以避諱。誤闖禁區的後果，輕則損害交談，重則傷害感情，甚至導致對立或關係破裂。

其次，避開可能引起對方傷感或誤解的敏感話題。

交談的話題除了有若干「禁區」之外，還存在著許多「敏感地帶」，因此會話中也應當小心避開。

比如，同失戀者忌談愛情與婚姻問題；同不幸者忌談他遭受不幸的往事，甚至旁人的不幸，也會引起不幸者同病相憐的痛楚；同殘疾人士的親屬交談，最好不要提起他家庭中那一位殘疾人……等等。

有時，和醫生、律師等會話對象，也不宜動輒請教自己生什麼病該怎麼醫治，有什麼糾紛應怎麼處理。過分具體的專業問題，在他們工作之外的時間裡，往往也是不願涉及的話題。

正因為「敏感問題」很難處理，所以要盡可能繞道而行。

誰都不願意和悶悶不樂的人交談，同樣，誰都不希望會話使人悶悶不樂。所以，選擇話題，要考慮它是否會給雙方帶來愉悅。

會話中，有益於雙方的共同語言和話題，應當多多益善。一般來說，這些最易於為雙方接受。

這種共同的語言和話題往往具有地域相似、經歷相似、職業相似、年齡相似、處境相似、志趣相似、文化相似、習慣相似……等特點。初次相見的人，特別宜於從中尋覓話題。

此外，人們在會話中往往希望相互了解，因此，有時就有各人談談「自己」的必要。由談談「自己」而加深彼此的了解，雙方又可以找到更多共同語言，從而擴大選擇話題的範圍，使交談更加深入。

談談「自己」的前提是假設對方與自己經歷相似，有了解自己的意願。若不是這樣，那就有必要轉換話題了。

總之，選擇話題的奧妙很多，話題選擇得好，對你的社交活動將會大大有益。

厚黑智典

英國思想家培根說：「會傷害別人的話儘量少說，談話的時候，並不是什麼話都可以脫口說出。」

如何聽出別人在想什麼？

巧妙地分析對方談話的口氣、速度、聲調，探究對方的內心正在想些什麼，這是增進人際關係的要點。

日本作家大久光曾經提出一個有趣的比喻：「協調關係是糖，對立關係是鹽。單單是糖太過甜膩，適度地加點鹽，人際關係才會變得更協調。」

在現代社會中，人際關係就猶如空氣一般，誰也脫離不開這張巨網，但是，光靠廣泛的交際，無法建立良好的人際關係，你必須用心了解誰才是值得你用心交往的對象，然後加糖加鹽，讓彼此的關係更緊密。

和別人交往過程中，其實僅僅從談吐、遣詞用字方面，就可以窺視對方的內心狀況，明瞭自己應該如何應對。

因爲，談吐的方式會反映出一個人當時的心理狀態，越是深入交談，愈會暴露出他的原本面目。因此，談吐方式、遣詞用字，無疑是探知一個人眞正性格和心理狀態的重要依據。

當話題進行至核心部分時，說話的速度、口氣，就是我們探知對方深層心理意識的關鍵。當然，說話的聲調也是不可忽視的要點。巧妙地分析對方談話的口氣、速度、聲調，探究對方的內心正在想些什麼，這是增進人際關係的要點。

不同身份的人有不同的說話語言。有的人說話粗俗下流，有人說話謙恭有禮、有條不紊，有的人說話內容豐富眞實，當然也有人一派胡言，或內容空洞、不知所云。

總之，人說話的時候，就反映出他究竟擁有什麼內涵。

高貴優雅、氣度非凡的人說話溫和流暢，表示他們常用文雅的應酬用語。然而，這類人應分爲兩種，一種人是表裡如一，一種是口是心非。

後者很多是外表高尚而內心醜惡的人，他們不願被對方察覺自己極力掩飾著的目的，所以才使用文雅的口氣說話。

相反的，談吐粗俗的人顯得比較單純。

這種類型的人，無論對上司或部下，對同性或異性，都不改其談吐方式，喜歡就喜歡到底，討厭也討厭到最底。

此外，在初次見面的情況下，這種人的好惡表現也相當明顯，不是表現得很不耐煩，就是親熱若多年摯友。

除此之外，說話說到傷心處，往往就哭哭啼啼、一把鼻涕一把眼淚的人，說明他的依賴性非常強烈。

這種人儘管平常表現得和藹可親，善於交際奉承，但實際上非常自私、任性，大多屬於不受歡迎的角色。

好掉淚的人有一個屢試不爽的看家本領，就是以半哭半泣聲調，打動別人的惻隱之心，以達到自己的目的。這種模式是一輩子都改不了的。

不聽對方說話，只顧自己滔滔不絕、口沫橫飛的人，則屬於強硬類型，這種人只要在說話的時候，別人肯「嗯、嗯」地靜靜聽他說，就可以得到好感。這種人的最大弱點就是自尊太強，經常喜歡搶先別人一步。

有的不善言辭，說起話來支支吾吾，這一類型的人，有時是因爲缺乏表現力，無法巧妙地表達自己想要說的話，有時則是個性陰柔、思考深沉、度量狹窄。更有的是欠缺智慧，或者精神上有某種缺陷。

厚黑智典

赫伯特說：「不要直言無諱說話，說話之前，務必先清除自己腦子裡的那些粗話和不得體的話語。」

什樣的人，就說什麼樣的話嗎？

語言具有很大的欺騙性，想要評價、認識一個人，應該重在行動，而不要被他表面的誇大言談所迷惑。

由於生長環境和所受的教育程度不同，因此，每個人行事風格大異其趣，說話的方式也不盡相同。

語言往往具有很大的欺騙性，所以單憑語言來取人識人是不可行的。只有聽其言，又察其行，洞其心，才能眞正認識一個人。

因爲即使對最狡詐的人，只要仔細觀察其言行，並加以分析，就會發現他的漏洞。思想指導人的行動，心裡所想必然會在行動上體現出來。但要識人，就必須掌握他的全部行動情況，這是以行察人的基本條件，如果僅僅依據他的一言一行而對他做出結論，必然失之偏頗。

自古來，就有「言為心聲」的說法，也就是說：什麼樣的人說什麼樣的話，一個人如何，可以從他的「語言」得知。

一般來說，正直的人，嘴裡說出來的話句句實在，「良藥苦口利於病」，正直的良言是忠誠人的心聲，使人能夠到達成功的彼岸。邪惡的人說話苛刻，惡語傷人，笑裡藏刀，搬弄是非。

我們都是透過與人說話來了解對方的性情。但在現實生活中，許多人心裡想什麼，行動上要幹什麼，並不體現在他的言語當中，一味聽信他的言談，就會上當受騙。

狡詐的人，所想的是一回事，所說的又是另一回事，常常以冠冕堂皇的言辭掩蓋其罪惡的用心，以獲得人們的支持，達到不可告人的目的。

古人曾說：「以言取人，人飾其言，以行取人，人竭其行。」

意思是說，以談話去評估一個人，人就會去裝飾自己的言談，而根據行為去評估一個人，人就會在行動上儘量去做好。

想要評價、認識一個人，應該重在行動，而不要被他表面的誇大言談迷惑，歷代有識之士早已看出這一點。

他們說：「如果以言論為標準來取人用人，認為一般人所稱讚的是賢人，一般人所詆毀的是不賢的人，那麼黨羽多就會被任用，黨羽少就會被排擠。這樣奸臣勢力就會結黨營私而埋沒賢才，忠臣無罪而被置於死地，這樣社會就會混亂，國家也就不能避免滅亡。」

要做到不以言取人，其實是一件很困難的事，殊不見，在我們的周圍，輕信傳言的人大有人在。

要認識一個人，絕對不能輕信傳言。事實上，在我們身邊總有許多愛說人長短的人，他們無論是講人好話還是講人壞話，背後都有特別的目的和原因，尤其是在上司面前講的話。

領導者身居高位，不可能事事清楚，需要別人提供情況，但進耳之言，究竟可靠與否，還需要調查研究，否則會犯了以偏概全的錯誤。

如果了解他的全部行動情況，就可以對他前後的言行進行綜合分析和比較，既可以從其過去知其現在，也可以根據他現在的所作所爲預測他發展的趨勢與結果。

有的人善於在行動上以假亂眞，爲了使你深信不疑，他們除了以謊言欺騙外，還會做些撲朔迷離的假動作，以僞裝出來的「行」，使你不知不覺地落套就範。

對於這種複雜情況，就不能只看他眼前的一面，而要通過調查研究與長期而仔細的考察，掌握他眞實的一面，進行去僞存眞的分析，認識他的本質特徵。

厚黑智典

小普林尼說：「在別人口裡可能成為榮譽的事，如果經由自己的舌頭來說，那就毫無價值。」

認清自己和別人的心理距離

輕浮而善於迎逢的人之所以失敗，往往是因為他們分不清尊卑親疏，總是想套用相同的模式拉近彼此的距離，結果適得其反。

莎士比亞曾經寫道：「有些人對你恭維不離口，但他卻有辦法讓你仍然把他當成患難朋友。」

其實，讚美別人的好事或長處，幾乎人人都會，連對不好的事都能夠加以讚美，則是想要別人爲他賣命的人，不可不知的厚黑秘訣。

當然，所謂的讚美並不是空泛的巴結，而是能夠根據某些事實，講出一套獨到而令人折服的理論。

我們與人交談的時候，如果所講的事情能夠帶來彼此心靈的變化，那麼，結果也將大大改變自己的人際關係，增強自己的辦事助力。

聽了這話，或許你會反駁說：「難道所講的事情都必須是好事？」或者「難道跟每個人說話都一定要很客氣嗎？」

其實，這樣的疑問未免過於單純。

因爲，你所講的事情與講話的方法，應該視自己與對方的交情深淺而有所變化，這正是說話的技巧問題。

有關措詞的使用，對於長輩、上級或不太親近的人，要儘量使用敬語，對於熟悉的人或好朋友，只要保持適度的禮貌。

如果不分親疏長幼，對任何人都用同樣的措詞、同樣的口氣說話，人家豈不會認爲你這個人腦筋有毛病？

正確的措詞和表達方式，應該視彼此心理距離上的親疏而定，而且在交談之前就應該界分清楚。

輕浮而善於迎逢的人之所以失敗，往往是因爲他們分不清尊卑親疏，總是想套用相同的模式拉近彼此的距離，結果適得其反。

保持適當的距離，有時候也是一種社交禮儀。不要只想到自己而不考慮別人，禮貌是最容易做到，也是維持良好人際關係最重要的工具。

只要我們的行爲得體，我們就能讓別人喜歡我們。

是否能正確地衡量他人與自己的關係，這是各人的教養問題，這也是爲什麼有教養的人說起話來，總是讓人感到如沐春風的關鍵所在。

厚黑智典

古羅馬作家卡羅爾在《鏡中世界》說：「當你思考準備說什麼的時候，先做出一副彬彬有禮的樣子，因為這樣可以贏得時間。」

如何用眼睛「聽」別人說話？

若想擁有好的社交關係，就得留意正確的「聽話」方式才行，這對你在他人心目中的形象絕對影響重大。

在交際活動中，有的人一打開話匣子就關不住，滔滔不絕說個不停。這種人自以爲風趣幽默、博學多聞，但是，在別人眼中，他或許只是一隻聒噪的烏鴉，或是拾人牙慧的鸚鵡。

像這種極端以自我中心的人最討人嫌惡。這種人喜歡拼命地講自己的碎事，卻不願讓出時間傾聽別人說話，似乎只有他的事才是世界上最重要的。可笑的是，在我們的生活周遭，這種人佔的比例還不少。

人喜歡藉著聊天來表現自己，而且通常懷著強烈的自我意識，非得獲得滿足才行。那些不善於聽人說話的人，往往忽略了別人也有著同樣的需求，佔奪了大部分的說話時間，當然令人討厭。

倘使你懷疑這種說法，不妨做個小試驗：一看見熟人就不停地講自己的事，看看結果會如何？

別人必定懶得搭理你，隨便找個藉口匆匆逃離現場。

在現實社會中，如果只認爲自己的事才重要，對別人漠不關心，將使人產生厭惡感，遇見你就退避三舍。

此外，你也必須注意，避免聊天時口氣輕浮，那會讓人暗忖：「與這種淺薄的人沒什麼好談的。」

一般而言，老年人會比年輕人嘮叨，女性比男性多話。如果不注意人與人之間存在的溝通差距，最終很容易造成彼此的齟齬。

在聽人說話時，有人常常閉著眼睛，這並不上是良好的聽話態度，應該知道，

「話」雖不必用眼睛去聽，但眼睛卻能表明你聽人說話的態度。

有的人面無表情，以呆板的臉孔聽他人講話，這也是不當的聽法。

還有人以輕忽的態度聽話，表現得「已經知道這件事情」、「那件事情沒什麼特別意義」，或「那是幼稚的」，不願肯定對方的話，這種人肯定不受歡迎。

也有人遇到一些中聽或是重要的話，就悄悄地做起備忘錄來，這種自以爲是的形態也惹人嫌。

總之，若想擁有良好的社交關係，就得留意正確的「聽話」方式才行，這對你在他人心目中的形象絕對影響重大。

厚黑智典

英國作家哈茲里特說：「說話口若懸河，或是辯理無懈可擊的人，並非總是思想正確無誤的。」

用「未來」打造一條生活新路

感到惶恐不安時，不妨透過彼此交談，規劃一些生活的新目標和想像幸福的未來，這樣就能振奮精神，並且對未來的遠景更加嚮往。

日本經營之神松下幸之助在松下電器剛剛創業的時候，曾經發揮舌上功夫，利用潛在心理操縱術，消除了員工的不安心理。

當時日本的經濟蕭條，公司倒閉的事情層出不窮，松下電器公司在不景氣中苟延殘喘之際，也傳出了瀕臨倒閉的謠言。

那時，擔任社長的松下幸之助並沒有雄厚的資本和豐富的經商經驗，員工們不免擔心公司會在這波嚴重的經濟不景氣中出現財務危機，撐不過難關，到時候自己恐怕就會沒工作了。

更嚴重的是，有的員工甚至懷疑老闆松下幸之助正在考慮關門了。

這時，松下幸之助適時地把全體員工集合起來，對他們說：「松下電器就像無盡的寶藏一樣，會不斷地出現新產品，而我們正擔負著開拓創業的使命。」

「為了完成這項使命，必須過二五〇年的時間，我將這二五〇年分成十個節。第一節為二十五年，這二十五年又分為三期，第一期的十年是專門建設的時期，第二期的十年是持續建設時期，更是專業活動的時期，最後的五年則是持續建設和活動，有了這些措施，我們就能為社會作貢獻了。」

「我們現在所處的就是第一節的時候，第二節以後就由我們這一代來完成。從此以後，每一代人都必須兢兢業業，按照共同的方向前進，到了第十節，也就是二五〇年以後，這個世界就會是一個充滿了物質，富庶繁榮的樂土。」

每一個員工在聽到這篇《松下電器二五〇年的計劃》後，都目瞪口呆，但等稍微回復過來後，就像吃了定心丸，安下心來。因為，他們認為老闆都為公司做了二五〇年的長遠規劃，瀕於倒閉之事純屬無稽之談！

於是，員工紛紛興高采烈地談論：「社長都這樣有幹勁、有信心，目標定得這麼遠，公司肯定沒有問題。」

松下電器員工在不景氣、不賺錢的情況下，擺脫了惶恐不安的心理，對未來充滿著強烈的幻想與希望。這種方法的有效之處，就是讓惶恐不安的人，心裡有一條通往未來的出路。

任何人心理不安時，潛在心理的直接反應就是想逃避，想擺脫眼前的一切。這時，如果和他們談一談綺麗的遠景，不失爲一條很好的出路。

所以，如果你或你的好友正感到惶恐不安時，不妨透過彼此交談，規劃一些生活的新目標和想像幸福的未來，這樣就能振奮精神，並且對未來的遠景更加嚮往。

厚黑智典

麗莎·科克說：「長舌婦愛和你談論別人，討厭鬼盡向你談論他自己，只有饒有風趣的人才會和你談論你自己。」

不要老是挑剔別人的毛病

歌德曾經勸告世人說：「指責別人的缺點，對自己並沒有好處。稱讚別人的優點，則會受益無窮。」

法國大文豪雨果說：「語言就是力量。」

的確，語言是一種無比犀利的武器，使用得當可以幫助自己披荊斬棘，使用不當則會傷害自己。

只要做好心理建設，平日勤於鍛鍊自己的說話技巧，要成爲受人歡迎的說話辦事高手，其實一點都不困難。

Y先生升任某紡織公司的廠長，令同業吃驚不已。因爲，他的學歷不高，沒有特殊人事背景，能力也不算頂強，不料竟能壓倒公司內部衆多熱門人選，使得大家跌破眼鏡，紛紛研究他的「登龍術」。

後來，大家發覺，他並沒有什麼獨到的秘訣，各方面都普普通通，唯一值得一提的是，他很少挑剔部屬的缺點。

紡織廠以女性員工居多，他看到女工做事緩慢，又做得不好，絕對不會責備她們，反而會誇讚說：「妳做事很有耐心，也很謹慎。」

遇到工作時不停嘰嘰喳喳或大聲喧嘩的女孩子，他就會誇讚說：「妳的個性活潑又開朗……」

這種模式，與其說是在管理工廠，倒不如說是在討好女工。

Y先生自己也不諱言地說，他每天最重要的例行工作就是發掘女工們的優點，其他的事反而是次要。

Y先生說，以前他也常常爲了生產業績，板起臉孔斥責工作效率不佳的女工，但是這種管理方式根本無濟於事，只是徒傷彼此的和氣，使得他和部屬關係惡化，只要自己一不注意，她們就又開始偷懶摸魚。

更糟糕的是，業務量吃重的時候，竟然沒人願意留下來加班，讓他無法向上司交差，吃盡苦頭。

後來，Y先生清楚地意識到，如果自己想在公司繼續待下去的話，就必須改善和女工們之間的緊張對立關係，因此開始嘗試著讚美她們。

從此以後，工作反而輕鬆愉快，也屢屢獲得公司獎勵。

「不但要了解她們的工作情形和個性，連她們的外表也應該重視。發掘她們值得讚美的地方，譬如鼻子很挺，頭髮烏黑亮麗，水汪汪的大眼睛……然後毫不吝嗇地加以讚美。當然，你的態度必須莊重而誠懇，否則會被認為輕薄、調戲、性騷擾，這點非常重要。」

任何人都一樣，一受到稱讚，就會露出友好的態度，年輕女孩子尤其如此。

Y先生巧妙地運用這層心理，深獲女工們愛戴，化解了不少勞資之間的糾紛，旺盛的人氣也簇擁著他升任廠長。

德國哲學家兼詩人歌德曾經勸告世人說：「指責別人的缺點，對自己並沒有好處。稱讚別人的優點，則會受益無窮。」

如果你老是把別人當成蠢豬，就別指望別人把你當成聰明人。習慣指責別人的人，既不可能擁有良好的人際關係，在工作上也不可能獲得自己所需要的協助。

日常生活中，我們不該老是挑剔別人的毛病，指責別人的缺點。應該多費一點心思發掘別人的優點，讚美別人的長處。這樣，待人處事才會更加圓融，在社會中才能得到更多助力。

厚黑智典

馬克吐溫說：「恰到好處的稱讚，是一種高超的處世藝術，只有少數人才能掌握它。」

讚美，是最有效的溝通

法蘭西斯．培根曾說：「與別人交際應酬之時，得體的讚美，比口若懸河更為可貴。」

讚美的話人人愛聽。要獲得別人的信賴、擁戴，就必須想辦法多稱讚對方，不了解稱讚藝術，只會一味責罵的人，很難成就一番大事業。

唐朝末年有位學者殷安，經常慨嘆社會混亂，倫常乖舛。

有一天，他又大發牢騷，對學生們說：「自從盤古開天地以來，夠資格被後世尊奉為聖人的，只有五個人。第一位是具有神性之德的伏羲氏，再來是教導黎民開田墾地的神農氏、伐紂抗暴制禮作樂的周公、教化萬民倫常道德的孔子……」

殷安邊說邊彎下四根手指頭，說到這裡，他想了一想，搖搖頭說：「除了這四位，就再也找不出夠資格的人了。」

「不，老師，第五位聖人就是您。」這時，一位弟子奉承地說。

殷安聽了這番奉承的話，表情突然嚴肅了起來，不太好意思地回答說：「不，我還沒有資格……」

可是，不知不覺間，他已經將第五根手指彎了下來。

這個故事說明了，每個人的潛意識裡，都有強烈的自尊心和虛榮感，認爲自己比別人聰明、優秀，而且希望別人能夠對自己加以肯定；即使言行舉止表現得再謙沖的人也不例外。

因此，交際應酬時，應該掌握人性的這項重要特質，儘量滿足對方想獲得稱讚的心理需求，喋喋不休地談論自己。

法蘭西斯．培根曾經這麼說：「與別人交際應酬之時，得體的讚美，比口若懸河更為可貴。」

俄國大文豪托爾斯泰在《戰爭與和平》裡，也強調讚美別人的重要性。他說：「即使是在最好的、最友愛、最單純的關係中，稱讚也是不可少的。正如同要使輪子轉得滑溜，潤滑劑是不可少的。」

讚美是最有效的溝通方法，可以瞬間縮短彼此的心理距離。

處世之道，貴在禮尚往來。不論在什麼場合，想要獲得別人的信賴、擁戴，就必須多稱讚對方。

不了解稱讚藝術，只會一味用舌頭責罵別人的人，在人生道路上必定困難重重，很難成就一番大事業。

厚黑智典

英國思想家索斯說：「言語對於普通人來說，是用來交流思想，但是對聰明人來說，則是用來掩蓋思想。」

用「只有你才能」瓦解對方戒心

當一個人優越感被觸及時，他就會不斷地想要和對方接近。挑起對方的優越感，可以瓦解對方的警戒心理，使他採取積極的回應態度。

俄國文豪托爾斯泰在《幸福家庭》曾經一語道破人與人之間的奧妙心理。他說：「我們早就不認為對方是世界上最完美的人了，每個人都在暗地裡褒貶對方，並且用別人的標準來衡量對方的過失。」

這個世界上缺乏許許多多東西，最不缺乏的就是喜歡對別人品頭論足的人，日常生活中，我們幾乎每天都會遇到這樣的人。

如何以積極的方式加以應對，並且從他們的批評中，萃取出對自己有用的事物，可說是邁向成功的一大捷徑。

美國口香糖大王李格雷是個相當懂得說話技巧的人，在他的傳記中，有一則與潛在心理攻心術有關的故事。

這件事是李格雷還在一家肥皂公司擔任推銷工作時發生的。有一天，一個雜貨店的老闆，突然跑進李格雷任職的肥皂公司，以非常嚴肅激動的口氣叫道：「像你們這樣的公司，一定會垮掉。」

當時，在場的員工聽到這番話都十分生氣，但是，李格雷卻不以爲意地對雜貨店老闆說：「非常對不起！但是我想我們一定非常有緣。我是新來的業務員，請問您有何指教？請給我一點建議吧！把肥皂賣出去是我的責任，您是一個經驗豐富的人，請您教我應該怎樣做。」

這個雜貨店老闆剛開始時很生氣，但是，當他被李格雷客氣而又有禮的言談，觸及優越感和自尊心後，隨即改變態度，和顏悅色地說道：「那……我就告訴你吧，你最好賣便宜一點。」

接著，他對李格雷滔滔不絕地談論自己的生意經，並且越談越起勁，一直說了將近兩個小時。

到最後，他不但把推銷肥皂的訣竅傳授給李格雷，而且臨走時還承諾要大批購買該肥皂公司的肥皂。

當一個人優越感被觸及時，他就會不斷地想要和對方接近。譬如，當上司想和部下談論一件事情時，與其開口說：「我想和你談一談。」倒不如說：「只有和你才可以談這件事。」

這兩句話給部屬的感覺是完全不一樣的。

上司說前一句話時好像帶著壓力，會使部下的內心裡築起一道防禦的牆，而以抗拒的態度來回答。

反之，後依據「只有你才……」的說法，就可以瓦解對方的警戒心理，使他採取積極的回應態度。

另外，像一些會員制的俱樂部、高爾夫球場或五星級飯店，為了要招募會員，總是利用消費者的潛在心理，採取郵寄廣告的方式，寄上印刷精美的宣傳信函。

這些廣告信函上面不但有醒目的圖案，還有許多誘人的廣告詞，如「唯有像您這樣年收入一百萬以上的人……」、「唯有像您這種××大學出身的人……」、「唯有像你這樣被精挑細選出來的人」……等等，這些用詞無疑都是想觸及接信人的優越感和自尊心。

相信每個人一定有過接到廣告傳單，連看都不看一眼就扔掉的經驗，但是，如果接到類似上述口氣的宣傳廣告時，即使不想入會，也會多看幾眼上面的句子，滿足一下自己的虛榮心。

厚黑智典

J．布朗說：「光顧著談論一些瑣事，而不說讓別人可以記住的話，這樣的人根本不懂得如何談話。」

PART 4

說話，不要太過情緒化

說話的效果是人際關係的基礎，
說話的效果代表各式各樣的人際關係。
因為人與人之間的遠近親疏
都可以從這些「效果」中呈現出來。

在背後讚美是最高段的恭維

人很自然地會去懷疑面對面說話的人的誠意，但對於背後聽來的讚美就覺得非常順耳，因為誰也不會懷疑讚美者的真誠。

有時候，當面恭維得太多並沒有益處，反倒是間接的頌揚能發揮強大的功效。

在別人的背後稱讚他，在各種恭維方法中，要算是最悅人，也最有效的了。

舉例來說，當你知道某某人在背後說你好話，你會不高興嗎？

這樣的讚揚當面說，或許反而收不到良好的效果，因爲人很自然地會去懷疑面對面說話的人的誠意，但對於背後聽來的讚美就覺得非常順耳，因爲誰也不會懷疑讚美者的眞誠。

如何用恰當的方式恭維別人，是社交活動中必學的課程。

羅斯福總統的副官布德，曾經尖銳地批評那些喜歡恭維、巴結羅斯福的人爲「瘋狂的搖尾者」。

布德十分欽佩羅斯福，但他決心不做「瘋狂的搖尾者」，可是沒有幾個人，能像他那樣深得羅斯福賞識。

實際上，偉大的人物並不喜歡整天被人恭維和讚美，尤其是羅斯福，他看不起那些滿嘴只會說恭維話的人，他更歡迎批評他的朋友。布德就是深知羅斯福的這種心理，採取逆向操作，而達到自己恭維的目的。

從羅斯福的例子，我們可以得知，間接的頌揚能發揮強大的功效。

吉斯斐爾勳爵說：「這種馭人術，是一種最高段的技巧。在人的背後稱頌人，那聽的人因為想獻殷勤，會自動地把你的話傳述給你所讚頌的人，甚至會再加油添醋一番；在各種恭維方法中，這種方法要算是最悅人，也最有效的了。」

還有一種間接的恭維方式，是借別人的話來達到自己恭維人的目的。

譬如，倘若某君自認爲對收藏方面頗有鑑賞力，你可以當著他的面說：「某某人曾談起，你對收藏方面的鑑賞力實在無人可及。」他聽了這番話後，肯定會覺得高興。

這個方式，不外乎使你想要恭維的人，自以爲是別人在頌揚他那優秀的能力，而實際上是你當著他的面，把自己的恭維變成爲別人的頌揚。

厚黑智典

莎士比亞說：「要是你說了一堆自己難以遵守的誓言，就必須知道如何一邊背叛誓言，一邊把自己的信譽保全。」

多傾聽下屬心裡在想什麼？

領導者的觀察入微是與下屬們進行溝通的好辦法。因為，一般而言，當下屬的心情起變化時，他會不自覺地透過表情動作表現出來。

多聽少說、多鼓勵少批評，多以身作則少高談闊論，是領導者與下屬建立和諧關係的重要方法。

領導者面對下屬時，要多傾聽少說話。

領導者擁有一副伶牙俐齒，當然是好事，因爲好的口才是一個優秀領導者的必備素質之一。但是，領導者也一定要記住，凡事過猶不及，不能仗著自己口才好，就整天喋喋不休，對下屬進行疲勞轟炸。

常言道：「會說的不如會聽的」，「禍從口出，言多必失」……等。因此，當領導者與下屬互動時，一定要管住自己的嘴巴，豎起自己的耳朵認眞傾聽，才是上策。事實上，多聽少說，好處非常之多，不僅可給人留下一個穩重內斂的印象，而且可以藉機充分瞭解下情和下屬的心理，還可以使下屬覺得你是一個可以信賴和傾訴的物件，可謂一石三鳥。

但是，聆聽下屬傾訴，也是一門藝術，不能只是翹起二郎腿，一言不發，毫無表情，必須掌握四個重點：

一、要充分關注對方的狀態，對別人所講的話偶爾可以詢問一兩句，表示你對他的話感興趣。

二、要看著對方，不要渾身搖擺不定，眼睛東張西望，或發出各種響聲。除非對方嘮嘮叨叨了，已經耽擱了你許多寶貴工作時間。

三、不要輕易去下結論，無論他所說的是正面的意見還是負面的牢騷，你都不要去爭辯和反駁。

四、努力從對方的言辭中瞭解他真正的心態，既要用耳朵去聽，也要用心去聽，因為有些下屬並不會把他的意思全部明白地表露出來。

再者，領導者要善於對下屬察言觀色。

通常是下屬們對領導者察言觀色，但聰明的領導者往往會反其道而行之，以此來決定自己要採取什麼步驟。

譬如，領導者正在批評一個下屬，一旦發現下屬的臉色呈現出承受不了的表情時，就應趕緊打住對他的批評，換一個角度或改變語氣來對他進行教育，和他聊聊生活瑣事，或跟他談一些他感興趣的話題。

領導者的觀察入微是與下屬們進行溝通的好辦法。因爲，一般而言，當下屬的心情起變化時，他會不自覺地透過表情動作表現出來，如臉部、手腳及眼神的一些小動作，及聲音的大小和語氣……等。領導者往往可以透過這些細微的變化，看出下屬們心中的所想所思。

此外，領導者要善於掌握下屬們的心理狀態。

以「反敗爲勝」聞名的美國克萊斯勒汽車公司總裁艾科卡就是一個善於利用心

理學進行溝通的人。

譬如，他主張，當下屬們興高采烈的時候，就要讓他們多做點事；而他們心灰意冷之時，則不要使他們太難堪。

在下屬們取得了成績的時候，經理人員要及時地肯定和表揚。相反的，當下屬因失敗而悶悶不樂時，經理人員千萬不要落井下石，否則，會嚴重損害領導者在下屬心目中的形象。

艾科卡還說過一句有名的話：「要讚揚某人，用白紙黑字，要訓斥某人，就在私下裡說說或打個電話。」

正因爲艾科卡如此地注意下屬們的心理，所以他才贏得了下屬們的支持，樂意聽從他的領導。

厚黑智典

西班牙作家格拉西安說：「如果獨自對自己說話是愚蠢的，那麼在別人面前只聽自己說話，就是雙倍的不智了。」

如何用妙語讓自己脫離窘境

你必須頭腦冷靜地控制自己的情緒，運用語言的藝術，尤其是以急中生智的幽默感去對付尷尬。運用得當，能收到直言難以達到的效果。

話說得體合宜，不僅能表現出自身修養的高雅，也能輕易地迎戰別人的攻擊，透過說話策略與技巧，讓人們接受你的意見或觀點，使人願意接近你，提昇自己的溝通、辦事效率。

我們在日常的社交活動中，總難免遇到一些令人難堪的窘境和難以回答的問題。這時候該如何說話最恰當？

大原則應該是明辨事理，說話得體；該直言則直言，該含糊就含糊，該超脫就超脫。總之，從實際出發，視情況而定。

但是，有一點要特別注意：當有人故意給你難堪並使你的感情受到傷害，你可不要只顧著氣憤，更不要大發雷霆去硬碰硬，那樣只會使矛盾激化，鬧得兩敗俱傷。

當然，你也不可只張口結舌滿臉羞紅，使對方覺得你軟弱可欺，那樣他可能會變本加厲地嘲弄你。

你必須頭腦冷靜地控制自己的情緒，運用語言的力量和說話的藝術，尤其是以急中生智的幽默感去對付。

當然，也可能對方並非惡意，有時候是無心之過。不論如何，你應該牢記的是，無論遇到哪種情況，大原則是恰當得體。

我們與人交談時應該注意，答話時千萬別含糊，否則容易產生誤會，萬一你無法自圓其說，必定陷入窘境，任何說話技巧都無濟於事。

所以，說話的時候，一定要把握主旨和邏輯，要恰到好處，以免言談有失，授人把柄，甚至作繭自縛。

這是避免錯誤，擺脫窘境的根本方法。

假如朋友或同事在公開場合責備你，而情況與事實又有出入，這肯定使你難堪。這時，你該怎麼辦呢？

你應該心平氣和地直言：「我們是否私下談談？我想請你調查清楚了再說話。不然，我以後很難和你相處。」

倘若親友無緣無故責備你，你也應該明確地跟他說：「你讓我十分難堪，請你告訴我這是爲什麼？我哪裡得罪你了？」

當然，假使是你自己做錯了事，哪怕是無意的，也要誠懇道歉。這就是明辨事理，直言不諱，這才是擺脫窘境的方法。

厚黑智典

德國思想家歌德說：「只要知道自己會多麼經常誤解別人，誰也不會在社交中多說話。」

不要曝露自己的秘密武器

一個人如果過於直白，實際是自我暴露，是把自己的一切翻出來給你的對手看，使你的對手在未來的爭鬥中一槍便打準你的要害。

大家都知道說話辦事的重要性，但是要如何才能訓練自己成爲一個說話辦事高手，建立起更和諧、更廣泛的人際關係呢？

答案是要學會克制自己，不去說可能傷害別人的話，除此之外，也不要輕易暴露自己的「秘密武器」。

《孫子兵法》上說：「不知彼不知己，百戰百殆；知己而不知彼，一戰一殆；知彼知己，百戰不殆。」

毫無疑問，這個原則對作戰的雙方來說都適用。

對自己和對方的情況一無所知，肯定沒有取勝的可能；只了解自己的情況而不了解對手的情況，那麼勝負的概率爲五十％；對雙方的情況瞭如指掌，那才有取得勝利的把握，才能百戰不殆。

一個人如果過於直白，實際是自我暴露，是把自己的一切翻出來給你的對手看，使你的對手在未來的爭鬥中一槍便打準你的要害。

如果說話含蓄一點，模糊一些，那麼對手就莫測高深，不知道你的所思所想，不知道你的秘密武器，更不知道你的要害所在。

唯有這樣，才有可能置對手於不利位置。

概括地說，「逢人只說三分話」至少有以下幾點好處：

1. 使對手無法知道你的真實想法；

2. 使對方在對你的攻擊中無從下手；

3. 迫使對方只能處於守勢，使你的出擊居於主動。

以上所講的只是謹防禍從口出，這與「縱是實話也虛說」在道理上是一樣的，只不過「縱是實話也虛說」相對地講具有某種攻擊性的意味。

因爲它不單單是自己不要暴露自己，而且要更進一層，要用「實話虛說」給對方製造混亂，向對方施放煙霧彈，從而達到使對方不知所措，從而迷失的目的。

如果用《孫子兵法》上的說法叫做「亂兵引勝」，就是使對方發生混亂，以致將已經到手的勝利也丟失得無影無蹤。

逢人只講三分話是守，實話虛說則傾向於攻。

只有攻守兼備才是致勝的唯一途徑。

厚黑智典

英國作家包斯威爾說：「談話的時候總是為了炫耀自己的人，永遠不可能討人喜歡。」

從說話態度推測一個人的性格

說話抑揚頓挫變化激烈的人，通常有卓越的說服力，給人善於言詞表達的感覺，但這也是自我表現慾望強烈的證據。

美國心理學泰斗威廉．詹姆斯曾經提醒世人說：「一個人所讀的書，所交的朋友，嘴裡所說的話語，乃至說話方式，都是他內在性格的表露痕跡，其中又以說話方式最值得我們觀察注意。」

一個人說話的聲調和速度非常重要，可以從中觀察出他的心理狀況。

要是對方說話的速度放慢，表示他對你有所不滿。相反的，說話速度加快，則是他在人前抱有自卑感或話中有詐的證據。

突然快速急辯也是同樣的心理。例如，罪犯在說謊時，根本聽不進旁人在說什麼，只會滔滔不絕地爲自己辯護，因爲，他們有不欲人知的秘密藏在心裡。

也有的人說著說著，會突然提高了音調叫道：「連這個都不懂！這個連小學生都會的你也不懂！」

像這樣惡形惡狀的咆哮，是期望別人服從自己；相反的，假如音調突然變得低聲下氣的話，則是自卑感作祟，或膽怯、說謊的表現。

說話抑揚頓挫變化激烈的人，通常有卓越的說服力，給人善於言詞表達的感覺，但這也是自我表現慾望強烈的證據。

說話小聲、言詞閃爍的人具有共通的特點，如果不是對自己沒有自信，就是屬於女性性格，和低聲下氣的說話類型心理相似。

也有的人喜歡在一個話題繞個沒完、扯個不停，就算你想阻止他繼續說下去，明白地表示：「我已經了解你要說的意思了！」他卻絲毫沒有停下來的樣子。這種說話的方式，是害怕對方反駁的證據。

也有的人只會隨便附和幫腔，例如：「你說的沒錯！」「說得是！」……等等，這種人根本不理解別人在說些什麼，同時對談話的內容也一竅不通。

如果你在說話時，有人在一旁當應聲蟲，你必須明白這一點才行。要是你誤以爲對方了解你的談話，那你就變成丑角了。

其實，每個人說話都有一定的特性和習慣，某些常用的詞語與字眼，往往反映出說話者的眞實性格。

在談話中常使用「我」的人，是自我表現慾相當強烈的人。

在對話中，大量摻雜外文的人，可能在知識方面相當廣泛，但也有可能是一知半解，只是藉此遮飾自己的才疏學淺。

也有人喜歡用「我認爲」、「我想」……之類的口氣，這種人看似愼重，其實也有可能是膽怯的象徵。

這種人個性陰晴不定，對別人的警戒、防衛心理也相當強烈。初見之下，似乎和藹可親，但是當你放心地與他親近時，他又會擺出一副冷若冰霜、瞧不起人的姿態，所以和這種人相處需要相當謹愼。

除此以外，一見到女人就刻意表現出溫柔親切的態度，或有意無意說出性方面用語的人也不少。

在女性面前，突然以謹慎恭敬的口氣說話的男人，都屬於雙重性格的人，這種人通常在職業上被壓抑，例如學者、醫生、律師、政客……等腦力勞動者居多。

至於說話中從不涉及性方面用語的人，並不表示他們特別純潔高尚，這種人往往是繃著面孔的假道學，與這種人交往，更應特別小心。

厚黑智典

哈茲里特說：「當我們對別人表現出極大的蔑視時，那正說明了我們與對方其實相去不遠。」

別人為什麼把你的話當成耳邊風？

說話時，自己要常先在心裡自問：「這樣說可以嗎？」否則，對方可能會「有聽沒有懂」，甚至把你的話當耳邊風。

英國作家哈代曾說：「有些人就像行星一樣，行動的時候，總是會把周圍的氣氛帶動起來。」

在現實生活中，有的人不管走到哪裡，都處處受人歡迎，做起事來左右逢源。有的人卻寸步難行，即使在家庭、學校或工作場合，做事也處處碰壁，幾乎沒人願意和他進行良性互動。

其實，造成兩者之間的差別，原因就在於是否懂得拿捏說話的方式和分寸。只有懂得如何說話辦事的人，才可能吸納周遭的能量供自己使用。

透過打招呼與自我介紹，我們可以抓住人際關係的契機，善用日常會話則更能促進彼此之間的交情。

日常會話的目 標並非討論深奧的議題內容，或解決難纏的問題，主要是在放鬆心情，享受對話的樂趣，謀求彼此心靈的交流。

透過會話還能滿足一些需求，諸如轉換氣氛或表現自我。

因此，爲了加深人際關係，或增強辦事效率，磨練自己的會話能力是非常重要的。需要注意的事項如下：

明白會話中的真正意思——也就是會話中一起交談的事情。

因爲會話並非僅由特定的人唱獨角戲，而是與對方交換的共同行爲。

會話具有回應的特性——不管提到什麼事，有人都會不耐煩地回答「哦」、「不」等無精打彩的話語，這將無法使會話熱鬧起來。

造成這種情況的主要原因，多半是沒有回應的話題，或者有一方意興闌珊，無意參與該會話。

其實，只要有豐富的談話題材，會話就不會冷場。因爲，人類具有自我表現的本能和需求，因此，一旦有說話的機會時，就會自發性地想說話。如果一來一往不斷地進行，會話的過程就會起勁，參加者的心靈交流就更加活潑。

對於充實話題方面，先決條件是當接觸事物時，不要失去新鮮感，要維持精神的年輕。如果未受感動，將是精神的老化現象。

不要陷入自以為是的話題——

很多人像雜學博士一樣萬事通，並認爲那才是會話高手的條件，實際上這是一種誤解。

雖然會話是一件相當重要的事情，但如果盡談些對方不感興趣的話題，等於一個人自說自聽一樣。

會話起勁的重點是，以說話者與聆聽者共通的話題交談。倘使有人將會話流於說教，當然使人厭煩。

留意不違反規則——不要在別人說話的時候潑冷水，或在話中找碴，以及獨佔講話的時間……等，這些都違反會話的基本原則，如果一再違反這些原則，別人將會對你「敬而遠之」。

說話時，自己要常先在心裡自問：「這樣說可以嗎？」否則，對方可能會「有聽沒有懂」，甚至把你的話當耳邊風。

就算是平常的聊天，如果你所說的話不經大腦，無法使對方明白自己究竟在說什麼，也容易在不知不覺之間使聽講的對方藉機遁逃，最後就會變成自己一人唱獨角戲的局面。

厚黑智典

薩迪說：「口中的舌頭是什麼？它是智慧寶箱的鑰匙，只要不打開，誰都不知道裡面裝的是珠寶還是雜貨。」

用舌頭塑造自己的形象

你可以透過外在的語言去欺瞞、誤導對方，也可以透過行為塑造出自己想要的形象！這形象既可以是真象，也可以是假象。

心理學家都認爲，人與人交談過程中，無論是談論商務還是談情說愛，四目交投的最主要目的，在於探索、揣測對方的反應。

通常，我們只能根據和談話對象不經意流露的眼神和細微的行爲反應，來判斷對方的心理狀態。觀察對方的肢體動作和所說的言語，揣摩對方的想法，洽談生意的人可以選擇最適當的時機，提出對自己有利的條件，談情說愛的人也可以順水推舟，藉機讓彼此的關係更加親密。

但有趣的是，不管對方的眼神流轉或肢體語言是否表現出「鼓勵作用」，其實，我們看到的只是對方的外在表情，無法確切知道對方的心裡究竟打什麼如意算盤。也就是說，和別人「交手過招」，你只能明確知道自己在想什麼，至於對方，只能憑一些細微表情去判斷他的意向。

儘管我們可以「假設」對方的表情已眞實反映了他的內心世界，也可以認爲自己的「假設」非常正確，可是，事實往往會與自己所虛擬的情境有所出入。

現代禪學大師南懷瑾曾說：「人心與學術一樣，都是詭怪得難以理喻，古今中外均是如此。」

譬如，當你慷慨激昂地發表演說，或是與朋友侃侃而談時，別人或許可以從你的言談和肢體語言，隱約猜測出你的心理狀態，但是，絕對無法全盤了解你縱橫交錯的心思，只有你才能確切知道自己心裡正在想什麼，至於旁人只是根據你的言談和表情加以揣摩。

對旁觀者來說，「你」這個人完全由「你的行爲」來代表，他們只能根據你的談話和行爲來判斷你大約是屬於哪類人，而難以深入你的內心世界，透徹了解你到底在想什麼。

莎士比亞曾經說：「世上還沒有一種方法，可以從一個人的臉上探查出他的居心。」這番話告訴我們，人絕對可以透過刻意整飭過的行爲，虛擬一個對自己有利的形象，贏得別人的好感，減少許多無謂的摩擦和阻礙。

所謂「知人知面不知心」，強調的就是，我們對一個人的了解，常常只是冰山裸露的一角。因此，你可以透過外在的語言去欺瞞、誤導對方，也可以透過行爲塑造出自己想要的形象！

這形象既可以是眞象，也可以是假象。不信的話，從現在起，你就可以試試。

厚黑智典

美國作家豪說：「在蠻荒的古代，人們用斧頭相鬥；文明人埋掉了斧頭，他們的格鬥靠的是舌頭。」

說話，不要太過情緒化

說話的效果是人際關係的基礎，說話的效果代表各式各樣的人際關係。因為人與人之間的遠近親疏都可以從這些「效果」中呈現出來。

中國有句諺語說：「路不要走絕，話不要說死。」這樣的說話方式或許有些滑頭，但可以給自己留一個轉圜的空間，不至於一下子就自己逼到牆角。

一般來說，當你碰到自己喜歡的人向你提到：「有件事情想請你幫忙，但是……」你肯定會先表態，搶著說：「我替你辦！究竟是什麼事情呢？」然後，再了解事情的內容。

但是，如果是你很討厭的人要請你幫忙，你的回答肯定就不一樣了，你可能會答道：「究竟是什麼事？我手頭上還有許多重要的事要辦，恐怕……」一開始就擺出拒絕的態度。

這個例子說明，即使是相同的一件事，由喜愛的人提出或是由討厭的人提出，接受的方式必然完全不同。如果是喜愛的人，就算再忙也會勉爲其難答應，反之，接受的程度就會大打折扣。

譬如，有人多次在你面前提到H先生總在背後說你壞話，如果你對H先生的印象很不錯，你也許就會回答說：「不會的，他那個人我了解，他不會背後說人的壞話。」或者至多問一句：「眞的嗎？」

如果H先生是一個你很討厭的人，你的反應就截然不同。

你肯定會答道：「哼，果然是他在背後說我壞話！」或者說：「我早就料到了，他就是這麼討厭的小人。」

其實，不管多麼冷靜理性的人，要完全戰勝自己的情緒，來接受別人的話，都是一件困難的事情。

說話的效果是人際關係的基礎，換句話說，說話的效果代表各式各樣的人際關係。因爲人與人之間的遠近親疏都可以從這些「效果」中呈現出來。

我們提出的事情能被欣然接受，無疑是件値得高興的事，因爲，很多時候我們所說的話會遭到惡意扭曲，或者一開始就被拒絕，令自己尷尬不已。

想要避免這些難堪的局面，平常就要預先建立好人際關係。

當然，萬一達不到，或是在講話途中有一點小誤會，除非你想惹人討厭，否則，最好先戰勝自己的情緒再開口。

厚黑智典

英國作家斯威夫特說：「在交談當中，有的人用些陳腔濫調折磨著每一個賓客，不讓自己的舌頭休息片刻，卻自以為是學識淵博。」

利用「共通點」拉近彼此的距離

只要找到正確的切入點，就算是完全陌生的兩個人，也會因為這個小小的共通點而更加親近，獲得支援。

有位名叫哥德思的年輕人，創辦了一份婦女雜誌，但是，只要是稍有名氣的作家，都不願意幫這本小雜誌撰寫文章。其中，有位著名的作家亞爾考德女士，她的作品在當時非常受到歡迎。

但是，不久之後，這位女作家卻和哥德思成了莫逆之交。

很多人都問哥德思，究竟是用什麼方法爭取到亞爾考德女士的支持？

原來，哥德思經過調查後得知，這位女作家非常熱心於慈善事業，於是他就從參與慈善事裡著手，慢慢地與她建立交情。

不久，哥德思邀她寫文章，爲表示誠意，還以一百美元捐贈換取一篇文章，以贊助她的慈善事業。

其實，哥德思只是把稿費的名稱換了一下，而這個贊助慈善工作的名義，不僅讓亞爾考德女士感到十分親切，也慢慢地對哥德思和他的雜誌產生了好感。

哥德思的雜誌因爲有了亞爾考德女士的支持，終於漸漸地打出了知名度。

另外，紐約有位頗負盛名的編輯，名叫肯敏思，也因爲懂得運用彼此的「共同點」而獲得自己想要的工作。

在十八歲那年，他來到了紐約，希望在這裡找到他夢想中的編輯工作。但是，想在這個競爭激烈的大都市裡找到一份工作，其實並不是件容易的事。

在履歷上，肯敏思唯一的專長，便是印刷廠裡的排字工作。

不過，他知道《紐約新聞》的現任老闆格里萊，小時候也和自己一樣有著相同的經歷，因此他自信地料定，格里萊會因爲這一點而錄用他的。

沒想到，眞的被肯敏思料中了，他果然被錄取了。

格里萊從肯敏思的身上看到了過去的自己，使他對肯敏思產生了同情，甚至有了扶持相助的心理，當然，這正是肯敏思所希望得到的。

人與人之間要拉近距離，眞的需要花點心思，不管是從相同的學經歷來親近，還是以投其所好的方式拉近距離，在人際關係的經營上，本來就需要花費許多心思，才能從中獲得更多的協助和機會。

只要找到正確的切入點，就算是完全陌生的兩個人，也會因爲這個小小的共通點而更加親近，獲得支援。

厚黑智典

亞歷山大・希亞姆說：「不懂得動腦的人，就好像在下雨的夜晚，開著沒有雨刷的車在高速公路上行駛一樣，隨時可能遭遇不測。」

「寒暄」不僅僅是打招呼

寒暄是一種單純的禮節，但如果其中加入一些對方感興趣的話題時，寒暄就不僅僅是打打招呼，而是更能扣住對方心弦的交談。

有些交際技術技高超的人，往往能藉著閒聊的機會，來讓對方做出某些有利於自己的重大決定。

譬如，他們想要引誘對方參與自己的計劃，又不能讓對方事先知曉，如何才能使對方逐步順著自己的意思呢？

他們所採用的方法是，在漫不經心的閒談中摻雜一些對方相當感興趣的話題，這樣一來，不知情的對方就陷入這巧妙的心理戰術之中，繼而道出自己也有類似的想法，最後決定共同完成這項計劃。

相同的，在交際或商務往來中，若想初次見面就使對方心悅臣服，應該在閒談中摻雜一些引人入勝的話題。

一般來說，寒暄是一種單純的禮節，但如果其中加入一些對方感興趣的話題時，寒暄就不僅僅是打打招呼，而是更能扣住對方心弦的交談。

比如在寒冷的冬夜碰到了朋友，一句「好冷的天氣呀」，在禮節上來說可能是個結束，但是對開展其他的話題而言，卻是一個開頭。

類似這樣的寒暄話語，如果能使人發出頗有同感的回應，那麼，寒暄就會是深談的開端。總之，寒暄雖然通常是一般性的禮節，但如果能巧妙地運用它，同樣能扣住聽話人的心弦，拓展自己的交際領域。

厚黑智典

拉布呂耶爾說：「有時候，談話的妙處並不在於表達自己的想法，而是在引發別人的想法。」

PART 5

如何套出
別人的真心話？

想了解初次見面的人言詞是否真實，
或是他對交談話題的關心程度，
可以用壓迫性交談的手法，
故意與對方唱反調，
是最常用的一種方法。

只知道爭先恐後，很難獲得成功

英國首相邱吉爾曾說：「擺在我們眼前的是一個和平與進步的黃金時代，我們每一個人所必須做的，只是征服最後和最壞的敵人——自己。」

伊索曾經在寓言故事寫道：「對於自己想要做的事，如果找不到漂亮的藉口，就會明目張膽地去做！」

儘管大家都不喜歡自己被認定是壞人，但諷刺的是，想要在這個處處競爭的社會生存，往往只有兩種方式，一種是找藉口抨擊別人的缺點，另一種則是想辦法美化自己的優點。

但是，凡事適可而止，如果做得太過火，恐怕就會得到不良的效果。

袁世凱在小站練兵的時候，就已經露出龐大的政治野心，經常在私底下批評朝廷的當權人物。

有一次，他語帶不屑地對德國駐華公使說：「張之洞那傢伙是專講學問的書呆子，我袁世凱不講學問，是講辦事的。」

袁世凱這番話，言外之意是譏刺張之洞是書生出身，只會紙上談兵，要解決實際問題，還是他袁世凱更精幹、更有權威。

後來，袁世凱的一個幕僚和外交家辜鴻銘閒聊時，便把這番話當作得意之談，重複說了一次。

辜鴻銘聽了，隨口調侃道：「誠然，誠然，但這要看所辦是什麼事。像老媽子倒馬桶這種事，當然用不著學問，不過，除倒馬桶之外，我倒不知道天下有什麼事，是沒學問的人可以辦得好的！」

人有高低貴賤之分，事情也有大小難易之別。辜鴻銘罵人不帶髒字，巧妙地借袁世凱「講辦事不講學問」的話題，具體就什麼人辦什麼事加以發揮，言談之間獲得很好的嘲諷效果。

這段「倒馬桶」的比喻，說得輕鬆又俏皮，和戰爭中的將計就計、順手牽羊這類戰術，以及中國太極拳的借力打力，具有異曲同工之妙。

英國首相邱吉爾曾說：「擺在我們眼前的是一個和平與進步的黃金時代，我們每一個人所必須做的，只是征服最後和最壞的敵人——自己。」

人生就像一場馬拉松賽跑，講究的是耐力，一開始跑在最前面的人，並不能保證他一定最先抵達終點。

但是，由於現代生活強調競爭、主張新奇，有些人卻只求眼前顯赫和利益，根本不管以後如何，誤以爲惟有快速適應、力求表現，不擇手段地爭取一時出頭的機會，才是成功之道。

在現代生活中，人們一味地要求自己去競爭、去表現，凡事都不顧一切地去取得，這是一種錯誤、短視的觀念。

爲了快速獲得「成功」，人往往認爲跑到最前面就是勝利，根本沒考慮到自己有沒有體力跑完全程。

這種「爭先恐後」的心態，使得現代人感到自己的周遭都是敵人，有時即使對別人造成傷害，也在所不惜。

其實，在人生這場馬拉松長跑的過程中，不一定一開始就得使出吃奶的勁，拚了老命衝到隊伍最前面。

袁世凱的言談和他的大起大落，說明了見不得別人領先自己的心態，其實相當危險，要知道人生道路坎坷不平，你爲什麼不讓別人先跑到前面替自己擋擋風，在最後一刻才開始衝刺超越他呢？

厚黑智典

有什麼比石頭更硬？有什麼比水更軟？然而，只有軟水可以穿透硬石。

——古羅馬思想家奧維德

你懂得傾聽別人說話嗎？

只要多發掘緘默的好處，多磨練自己聆聽的能力，一定能收到超乎想像的效果，切莫忘記「沉默是金，雄辯是銀」的古訓。

義大利有句諺語：「舌頭雖小，卻可以拯救一座城市。」

的確，一把槍固然可以使一個人屈服，但是，如果你想要贏得一個人的心，還是必須透過發自內心的言語，並且用高明的談話技巧來使對方心悅誠服。

在日常生活裡，每一個人都有自己的成長環境和生活背景，所以，一個人多彩多姿的人生經歷，往往就是一篇篇引人入勝的精彩故事。有時候，人再怎麼發揮想像力，都比不上這些故事來得眞實刺激。

分享別人的經驗時，爲了替自己樹立良好的形象，首先必須學會聆聽。

「聽」，是透過一個人的聽覺，察覺出周遭聲音的來源。「聆聽」則是爲了明白聲音的含義而集中注意力，全神貫注傾聽特定對象說話。

每個人或多或少會在聽別人講話的過程中出現精神渙散的毛病，有時候，如果不注意傾聽說話的內容，只一味地茫然附和，不但容易錯失許多寶貴的經驗、知識，也會讓對方留下不良印象。

你是不是常常全神貫注地聆聽別人說話？

其實，每個人都曾有過心不在焉的情形。有時候，你明明想仔細聆聽，但注意力卻因爲過多聯想而分散，有時是因爲對話題不感興趣，有時則是因爲說話者的說話技巧不佳，因此談話內容成了馬耳東風。

值得注意的是，聽者的神態盡在說者的眼裡，如果你認眞地傾聽別人說話，自然能給予說話者強而有力的鼓勵，說話的人對你的評價將會比實際上高出許多。

「聽話」時的行爲表現，對於在別人心目中建立良好的形象，增進自己的人際關係，有相當關鍵的影響。

有的人沉默寡言，總是全神貫注傾聽其他人所說的話，看起來像一個低能者，其實他才是最聰明的。

夏里．哈特的小說《愛神的化身》裡頭的主角，是個喜歡傾聽別人說話的人，凝神傾聽就是他日常生活中最常應用的武器。

夏里．哈特認爲，絕大多數的人總喜歡不停地說話，反而會從沉默寡言的人身上逐漸察覺自己的膚淺與無聊。

沉默可以抵擋席捲這個社會缺乏思慮的聒噪洪流。

只要多發掘緘默的好處，多磨練自己聆聽的能力，一定能收到超乎想像的效果，切莫忘記「沉默是金，雄辯是銀」的古訓。

學習聽講的技能，是一項很重要的人生課題，也將是你終身受用的工具。

要一個人成爲優秀的聽眾也許很難，然而，一旦能將這種寶貴的能力應用到實際生活上，應用到爲人處世上，就能一生受用不盡。

孔子提醒我們「三人行必有我師」，這是因爲每一個人都有值得學習的優點，有些人說話口齒笨拙、詞不達意，但仔細觀察他的行爲舉止，有時卻可以發現其中蘊藏著豐碩的內涵。

這就是爲什麼，經常觀察別人言談時所顯示出的品味、風格、肢體動作，會讓人覺得趣味無窮。

與人交往過程中，不妨常常扮演一個熱心、冷靜的觀察家，凝神傾聽別人說話，不但能使你的生活更豐富，還能使你的形象更加圓滿。

厚黑智典

霍姆斯說：「談話有如彈琴，用手按住琴絃使它停止發出聲響，和撥動琴絃使它產生音樂同樣重要。」

小心失言造成的「禍果」

在現代社會裡與人相處，必須謹言慎行，千萬不要逞一時之快，失言的後果，不是被上司叫去訓斥一番，就是遭到「發配邊疆」的命運。

說話辦事最忌諱的就是「直言不諱」，尤其是對認識不深的人，更應該小心謹慎，以免得遭人懷恨在心還不自知。

人的性格類型可說千奇百怪。有的人不論對錯，老是要和別人唱反調；有的人雖不至於偏激，但總是固執地堅持自己的立場；有的人明明自己的意見行不通，卻偏偏不接受別人的任何建議。

也有人頑強地認定只有自己的做法和想法，才是天底下最正確的方法。當然，也有人老是掩藏自己心底的企圖，卻喜歡試探對方的心意；有的人則缺乏主見唯唯諾諾，迎合別人的意思。

想在生活或工作中持盈保泰，必須先研究周遭人物的個性，找出對方的「逆鱗」長在什麼位置，以免有所冒犯。

像這樣事後才懊惱不已的人，大都是說話或是做事之時，無視對方的「逆鱗」位置所引起的。

「啊，要是當時不說那句話就好了！」

人類共同的心理，就是極端厭惡自己的行爲、想法被他人誤解，永遠期望別人對自己有最正面的評價，而且討厭別人在人前人後批評自己，但是卻常常無意中批評他人而不自知。

「我們公司的經理眞是懦弱！雖然他一副謙虛的模樣，常接受旁人的批評，但我就是對他沒有好感。」

如果和你談話的對象，正好是經理的心腹或交情不錯的同事，那後果將不堪設想。

在現代社會裡與人相處，必須謹言愼行，千萬不要逞一時之快，像這一類失言的後果，不是被上司叫去訓斥一番，就是遭到「發配邊疆」的命運。

緬甸有句諺語說：「世上沒有誠實的狐狸，也沒有吃素的老虎。」在這個誰也不肯承認自己有錯的都市叢林中，你必須隨時提醒自己，千萬別在言談之中踩到別人的痛處。

尤其是當對方是一頭容易發怒的「老虎」時，更別傻到在背後亂拍牠的屁股，讓自己白白成爲別人餐後的點心。

厚黑智典

英國思想家培根說：「辭令中最可貴的是引起別人興趣的話，以及能節制自己的言詞，並轉移到別的題目的那種話。」

如何用幽默來「笑」自己

不留心說錯了一句話或做錯了一件事，難免出現令人尷尬的場面，不過，你大可不必掩飾自己的過失，不妨放鬆心情調侃自己一番。

幽默，不僅是人際的潤滑劑，有時候更是社交的救生圈。

英國作家司各特就曾經在《雜文集》裡寫道：「幽默是多麼艷麗的服飾，又是何等忠誠的衛士！它遠遠勝過詩人和作家的智慧，他本身就是一種才華，能夠杜絕所有的愚昧。」

談吐幽默風趣是睿智的表現，也是一個人的思想、學識、智慧、靈感……等在語言中的反映。

培根曾經說過：「善談者必幽默。」

但幽默的具體運用並非易事，幽默構成的方式很多，主要有：自我嘲諷、張冠李戴、旁敲側擊、順水推舟、諧音雙關、借題發揮……等，必須用得巧，才能收到奇妙的效果。

在公開場合或社交活動中，萬一不留心說錯了一句話或做錯了一件事，難免出現令人尷尬的場面。

這時，闖了禍的你肯定會有些侷促、緊張、惶恐。不過，你大可不必掩飾自己的過失，更用不著刻意轉移目標，不妨放鬆心情調侃自己一番，或是說一個有關過失的小笑話就行了。

有一位小姐想在自己的生日舞會上給親朋好友留下一個難忘的印象，但由於心情激奮，加上新買的長裙有點長，所以跳舞的時候鞋後跟絆住了裙子，自己跌跌撞撞地摔了一跤，陪她跳舞的男士也被連帶著摔倒在地。

當她面紅耳赤，張口結舌時，只見那位男士輕鬆地說：「沒關係，我不曉得原來妳會玩多米諾骨牌！」

那位男士這番輕鬆的話既緩和了尷尬的場面，也使在場的人對他留下了幽默風趣的好印象。

幽默就是將可笑的事物按照本來的情況，用另一種方式加以描述。幽默當然帶有幾分自然和偶然，但是，只要反應敏捷，通常可以化解尷尬場面。

千萬要記住：一句幽默的話語，有時會發揮莫大的作用。

厚黑智典

英國作家史笛爾說：「在交談當中，一個人獨占全部的話題，是一種無禮且不合情理的錯誤。」

如何套出別人的真心話？

想了解初次見面的人言詞是否真實，或是他對交談話題的關心程度，可以用壓迫性交談的手法，故意與對方唱反調，是最常用的一種方法。

人是最擅長口是心非這種欺敵技能的動物，因此，不要單憑對方的言詞就立即認定對方屬於哪一種人。

在以了解對方的人品及想法爲目的的交談中，想要在有限的時間內盡可能地或到正確的資訊，就必須使用各種深層的方法，其中最有效的方法是壓迫性交談。

壓迫性交談，是向談話對象提出令他不快的問題，或是將對方置於孤立狀態，使他做出決斷的方法。

換言之，就是「虐待」對方，將他趕入不利的處境中而觀察反應的方法。

在危急的情況下，一般人都會露出赤裸裸的自我，也就是說，平常用來掩飾、表現理智的面具會脫落，最後吐露眞言。

以積極果敢的採訪方式聞名國際政界的日本新聞記者落合信彥，在其著作中曾經記述自己的採訪信條，就是挑起採訪對象的憤怒。

爲了打破受訪者牢固的心理防衛，套出他們的眞心話，落合信彥常常故意做出不禮貌的舉動，或提出一些逆拂對方的問題，用壓迫性交談逼他們吐出眞話。

落合信彥之所以能夠得知其他記者所無法挖掘的極機密的資料，這種突破他人心理防衛的巧妙採訪方法，對他助益不少。

想了解初次見面的人言詞是否眞實，或是他對交談的話題的關心程度，可以用壓迫性交談的手法；故意與對方唱反調，是最常用的一種方法。

但是，要注意的是，不論如何探索對方的眞意，如果引起對方憤怒的話，就有可能造成負面效果。

如果，你認爲就此與對方斷絕關係也無妨，或是自信能平靜對方的怒氣並恢復良好關係，當然另當別論，但是，若是情形並非如此，就有必要愼重處理了。

因此，最好的方式是借用第三者來提出反論，以避免自己提出反論時引起對方的反感而使雙方關係生變。

不論如何，唱反調是使對方感到不快的交談方式，最好只在有必要認清對方的眞意或人性時運用。

厚黑智典

普倫斯帝說：「有人把阿諛奉承誤以為是溫和有禮，同樣的，也有人把粗魯無禮當作坦率真誠。」

真相必須用偉大的謊言包裝

英國首相邱吉爾曾經說過一句膾炙人口的名言：「事情的真相十分寶貴，所以需要大量的謊言加以包裝。」

《韓非子》和《史記》都曾記載一則齊桓公假公濟私的例子。

有一天，齊桓公和蔡姬在湖上泛舟。蔡姬興奮地在船舷動來動去，小船不住搖晃。齊桓公生性懼水，深怕小船翻覆，趕緊出聲制止。

蔡姬看見齊桓公一臉驚懼的表情，覺得很好玩，搖擺得更加激烈。

這種行爲讓齊桓公非常生氣，一怒之下將她趕回蔡國。原本，齊桓公只是想稍微懲戒她一下，打算過些日子，再將她接回齊國。

但是，蔡姬的哥哥蔡公卻認爲齊桓公這種處置失當，使自己臉上無光，憤而將蔡姬改嫁他國。

齊桓公聞訊怒火上沖，準備出兵討伐蔡國。

宰相管仲向他諫言：「千萬不要因爲本身的婚姻問題攻打別國。這種名不正、言不順的戰爭，對你未來稱霸諸侯將會產生不良影響。」

可是，齊桓公不肯善罷干休，管仲只好說：「若是主公一定要討伐蔡國，那麼應該先僞裝攻打楚國。楚國已經三年沒有按例向周天子進貢了，我們可以假借尊王攘夷的名義佯裝討伐楚國。蔡國與主公交惡，必定袖手旁觀，屆時，我們就可以宣稱：齊國替周天子出兵伐楚，但是，蔡國卻不出兵襄助，顯然存心包庇楚國，然後名正言順攻伐蔡國。這個方法不但可以公報私仇，還可以獲得實質利益。」

事情的演變正如管仲所料。

西元前六五六年，齊桓公號召各國組成聯合部隊浩浩蕩蕩討伐楚國，諸國部隊抵達漢水之濱，和楚國完成「召陵之會」後，隨即轉道伐蔡，擄走蔡公。

英國首相邱吉爾曾經說過一句膾炙人口的名言：「事情的真相十分寶貴，所以需要大量的謊言加以包裝。」

從齊桓公伐蔡的故事，我們可以了解，不論報復私怨，或是滿足私慾，動機愈卑劣，愈需要冠冕堂皇的名義加以掩飾。

在「尊王攘夷」的偉大口號下，齊桓公前後滅掉三十多個小國，會盟諸侯十餘次，完成了自己的霸業。

朱元璋爭霸天下，也是一個典型「假公濟私」的例子。

朱元璋加入紅軍革命行列，名為抗暴起義，實際上的行為和盜寇無異，靠著燒殺擄掠坐大勢力。

在「驅除韃虜」的民族大義口號下，他接收了各路反王的革命成果，背叛了明教，襲殺了自己的主公小明王韓林兒，最後滅了元朝，順理成章登上帝位，施行極權統治，大肆誅殺功臣。

在民族革命史觀烘托下，朱元璋這個中國歷史上最血腥、最恐怖的綠林帝王，至今仍被奉為漢民族偉大的革命英雄。

其實，歷代的帝王、霸主，行徑大都和朱元璋相去不遠。凱撒大帝在這方面，也做得十分徹底。不論任何行爲，他都假借「國家」和「羅馬」的名義進行。

羽翼未豐的時候，爲了獲得擁護，他口口聲聲說要「尊重元老院的權威」、「承襲父祖的習慣」、「擁護羅馬共和體制」；等到權勢穩固之後，他又高喊「開創羅馬的光榮時代」，堂而皇之施行獨裁專制。

厚黑智典

賀拉斯說：「懷著輕蔑對方的心理，就會使你的話語充滿怒氣，不僅會傷害別人，也會傷害自己。」

溝通，要有點創意

如果一味強調自己的立場正確，正面和對方理論，不但雙方會鬧得不歡而散，自己也會樹立一個敵人。

有一個沼澤裡住著兩條水蛇，一直過著幸福快樂的日子，不料，有一年夏天氣候變得十分乾旱，連續幾個月沒下雨，沼澤竟然枯涸了，兩條水蛇為了生存，便準備搬家遷徙到附近的大河裡。

大水蛇對小水蛇說：「這樣吧，我走在前面，你走在後面，一有風吹草動，我們就分頭逃命。」

小水蛇想了想，對大水蛇說：「我跟在你後面走的遷移方式很危險，萬一被人類看見了，會認為我們只不過是兩條普普通通的水蛇，鐵定把我們砸個稀爛煮成蛇湯來吃。不如你背著我，我叼著你的脖子，大搖大擺一起走，人類從沒見過這種怪東西，一定會以爲我們是天上的蛇神下凡，不敢動我們。」

大水蛇聽了覺得頗有道理，便依計行事。

路過的行人果然把牠們當成下凡的蛇神，紛紛走避，這兩條水蛇終於平安到達河裡。

《孫子兵法》強調「聲東擊西，攻其不備」，意思是說從正面攻擊目標，由於敵人早有嚴密防備，成功機率會大幅降低，即使最後獲得勝利，己方也必須付出相當慘痛的代價——「殺人一萬，自損三千」。

後世的將領和謀略家一向將「聲東擊西」奉爲作戰的最高藝術。楚漢爭霸時期，劉邦麾下頭號大將韓信，更是將「聲東擊西」戰術發揮得淋漓盡致，「明修棧道，暗渡陳倉」就是箇中經典之作。

在競爭激烈的商業社會和現實生活，與人相處、溝通，更須掌握「虛而實之，實則虛之」的原則，加以靈活運用。

譬如，我們鎖定右邊作爲眞正目標，大可隱藏自己的目的，不時騷擾左側，等到對方將注意力全部移轉到左側後，再攻其不備，大舉侵略右側，如此，必定可以大獲全勝。

要攻取人心，「聲東擊西」也是相當有效的戰術，特別是用來應付性情乖戾的人，更能奏效。

一般人都有這種傾向——你教他朝右，他卻偏偏要往左，性情乖僻的人，這種傾向尤爲強烈。這時，「聲東擊西」的策略就派得上用場。

富蘭克林提醒過人們，對待性情乖僻的人，必須採用獨特的方法。因爲，不論你自認動機多麼純正良善，立場多麼公正客觀，單刀直入的正面作戰方式，很難達成目的。

他了解，如果一味強調自己的立場正確，正面和對方理論，不但雙方會鬧得不歡而散，自己也會樹立一個敵人。因此，他往往採用欲擒故縱的方法，自己先退讓一大步，圓滿地解決問題。

富蘭克林認爲，如果自己的想法和對方相左，應該謙虛地對他說：「我不知道這個想法對不對，請你指點如何做才正確。」

這麼一來，對方的意見縱使和你有段距離，他也可能會因爲受到尊重而說：「你的看法不錯，就照這樣做做看吧。」

如果你一味堅持自己的觀點才是最正確的，企圖用各種方法說服對方，那麼，對方也必定會堅持自己的意見，懷著濃厚的敵意抗拒、反駁你。

面對性情古怪、頑強、狡詐的人，應該充分運用聲東擊西的心理戰術，否則，你非但難以說服對方，更可能在人生路程中遭遇嚴重障礙。

厚黑智典

英國作家奧特韋：「對任何人的話都不可輕信，因為人的本性就是狡猾虛偽，欺詐殘忍，言行不一。」

別人為何會「岔開話題」？

對方會將話題岔開，大致上有三種情形。一是因為心不在焉而岔開，一是突然產生了其他聯想而岔開，另一種則是故意將話題引到別處。

在社交活動中，不論是什麼情況的會面，大都會因爲工作關係或時間限制而無法盡興，一旦對方談話脫離了主題，自己心中就會焦慮著如何進行手上該辦的事。性急的人，每當對方脫離談話主題時就會顯得焦躁，並努力想辦法要將談話拉回本題。

但是，如果想了解對方的內心想法，引出對自己更有利的結論，這種做法就顯得不夠聰明。

對方會將話題岔開，大致上有三種情形。

一是因爲心不在焉而岔開，二是突然產生了其他聯想而岔開，另一種則是故意將話題引到別處。

出現這些情形，都說明了對方的興趣和注意力，已經轉向別的焦點。因此，對於對方的談話不要打斷，讓他繼續述說一段時間。

如果是第一種情形的話，不久之後，對方就會對於自己的離題感到非常詫異，而回歸主題。

第二種情形中，因爲本人並沒有忘記主題，所以能自然地釐清聯想與主題的關係；如果隔一段時間之後，對方仍然不回歸主題，就可以判斷爲第三種情形。

運用這種方法的收穫是，乍看之下是很浪費時間精力的「離題談話」，也可以成爲了解對方心思的一個絕好機會。

厚黑智典

狄倫說：「說話必須注意應有的禮貌，放肆無禮的人，比無知的人更令人厭惡。」

沒事不要亂發牢騷

「心直口快」的人，就好比是三國時期的魏國大將許褚，脫光衣服上戰場，最後必然身上中滿了飛箭。

中國自古以來就是一個口舌是非多得出奇的國度。

遠在秦始皇時期，有些讀書人只不過茶餘飯後窮極無聊說點閒話，秦始皇知道後卻勃然大怒，將這些儒生全都活埋了，連這些儒生所讀的竹簡也全部燒毀了。

自從秦始皇「焚書坑儒」之後，中國人，尤其是讀書人幾乎是戰戰兢兢地活了兩千年。即便是藏頭縮尾忍氣吞聲，還是免不了一不留神被抓住話柄，惹出株連九族之類的滔天大禍。

清代有個知名的學者戴名世，有一天因爲在竹林裡看書看得累了，順口說出既像感歎又像是詩的兩句：「清風不識字，何故亂翻書。」

其實，他的意思很簡單，只是指自己在竹蔭下看書，惱人的秋風卻不知趣地不斷把他手中的書翻來吹去。

豈料，他卻因此惹下大禍，被別有居心的小人誣指他有「反清」思想，最後，戴名世被處極刑、滿門抄斬，而且還波及門生故舊，受到牽連的人衆多。

又有一個叫呂留良的讀書人，因爲在生前的著述中對於滿清屠殺漢人有不滿言論，他去世幾十年之後，還有人翻出他那些發黃的著作，拿到朝廷裡去邀功請賞。

皇帝看了之後勃然大怒，喝令拿他來問罪。

屬下回答說：「這個人早已去世了。」

但是，皇帝連死人也放過他，於是下令將他「剖棺戮屍」，將呂留良的棺木從墳中挖了出來，再把他的屍骨拖出來鞭屍戮首。不僅如此，他的兒子、孫子和以前的門生……等十族也都遭到殺戮。

在中國文化大革命期間，因爲隨口說了一兩句話而被整死的人也不計其數，由此可知「禍從口出」是如何可怕。

河南南陽有一個叫南菅的小村，村裡有個五十歲左右的老頭。這個老頭的工作是餵生產隊裡的豬隻。有一次，一頭母豬下了十隻小豬，長得煞是可愛。當天，這個老頭子不知哪根筋不對勁，竟然脫口說道：「哇，長得跟十大元帥一樣！」

那還得了，將十頭豬說成是十大元帥，這不是侮辱國家領導人嗎？於是，有人大做文章，對老頭大肆批鬥。可憐的老頭渾身長嘴也說不清，不堪折磨之餘，某天夜晚上吊自殺了。

在那個年代，想一死了之也沒有那麼簡單。老頭人雖然裝進了棺材，可是批鬥的人還不放過，還要開現場批鬥會，還要在棺材上貼上大字報。

封建社會裡的文字獄與中國文化大革命的荒誕情事或許一去不返，但是活在現代社會，我們還是得要愼防禍從口出。

因此，千萬要記住自古流傳至今的諺語：「話到嘴邊留半句」、「逢人只說三分話，不可全交一片心」、「知人知面不知心」、「害人之心不可有，防人之心不可無」……等等。

那些喜歡「知無不言，言無不盡」的人，可能還常常以自己「心直口快」、「從來不繞彎子」自詡。作爲一般人，這倒也無多大妨害，但作爲領導者卻是個大忌，它足以令你前功盡棄，中箭落馬。

「心直口快」的人，就好比是三國時期的魏國大將許褚，脫光衣服上戰場，最後必然身上中滿了飛箭。

厚黑智典

英國作家約翰遜說：「每個人都應該留神，切不可講一些不利於自己的故事，別人會記住這些故事，並且在適當時機用來攻擊你。」

PART 6

提防高談闊論的小人

一個人的價值在於他完成了什麼事，
不在於他說了什麼話。
只會使用華麗的詞藻高談闊論，
根本毫無用處，
只會惹來別人的陣陣訕笑。

提防高談闊論的小人

一個人的價值在於他完成了什麼事，不在於他說了什麼話。只會使用華麗的詞藻高談闊論，根本毫無用處，只會惹來別人的陣陣訕笑。

在生活周遭或者工作場合，我們常常會碰到善於吹牛並且強詞奪理的人。千萬不要和這種專逞口舌之能的人做朋友，應該儘快和他們疏遠，即使因爲種種因素無法擺脫他們，也應該設法保持一定距離，防止他們走進自己的生活圈，否則最後受害的將是自己。

現實生活中，也有許多喜歡動口不動手的人。

有的人則胸無點墨，只會仗著一張嘴大說歪理，試圖以花言巧語矇騙對方。

有的人本身成事不足敗事有餘的人，從未幹過像樣的事情，卻口若懸河把自己說得如何傑出。

有的人明明是混不出名堂的窮光蛋，卻老是幻想自己是億萬富翁，開口閉口都是巨額的投資計劃；有些不會自我管理的人，連自己都無法駕馭了，卻可以大言不慚地談論領導秘訣。

目前社會中，這種不學無術的人到處可見，我們應該小心地加以防範，不千萬要被誇大不實的謊言所矇騙。

相對的，我們也應該時時提醒自己，要腳踏實地去實踐自己的計劃和理想，不要淪爲滿腦子想法，只會用嘴巴建造空中樓閣。

必須記住，一個人的價值在於他完成了什麼事，不在於他說了什麼話。只會使用華麗的詞藻高談闊論，試圖僞裝自己，在現實環境根本毫無用處，只會惹來別人的陣陣訕笑。

譬如，有些企業負責人或是生意人，總是在別人面前議論國家財經政策，或是口沫橫飛大談企業經營謀略、管理方法，而自己的公司或工廠卻瀕臨倒閉，這豈不是一種絕大的諷刺嗎？

沒有內涵，卻善於耍弄詭辯自欺欺人的人，永遠也成不了大事。

在日常生活中，我們應該多做點實實在在的事，少耍嘴皮子玩弄詭辯的花招。

同時，對於那種光會耍嘴皮子說大話的人，也要敬而遠之，千萬別把他們當作好朋友交往。

厚黑智典

美國作家愛默生說：「只要說話時把全人類當作自己的競爭對手，談話就成為一種藝術，因為那是人活著天天都在實行的。」

如何讓自己「出口成章」

要使自己在交際活動中「出口成章」，一定要有良好的「語感」基礎。如果你覺得自己的語言能力還有所欠缺，那麼，就請你從繼續努力吧。

有的人說話出口成章，有的人說話卻像狗嘴吐不出象牙一樣，這究竟是什麼原因造成的呢？原因有兩種，一是心理素質不同，二是語言能力有差別，通常的狀況是兩者都有。

撇開心理上的障礙不談，語言功能不行的人，常常有話想說卻又一時之間找不到恰當的詞語，或是說話的時候斷斷續續，難以連貫，結果是心裡想的一個樣，嘴裡說的又是一個樣。

一個人的口才好壞，取決於他的「語感」。

培養「語感」是訓練語言能力的重要一環；「語感」敏銳與否，可以說是一個人的口才、學識和智慧的標誌。

所謂「語感」，是指一個人對語言的感受能力和反應能力。

書面文章可以有著思考的餘地，但是口語表達就必須是直接溝通、即興構思，無法塗塗改改。敏銳的語感、機智的口才絕非才子名人的專利，任何人都可以藉由後天的努力培養而成。

培養「語感」著重在以下三個方面：

一、積累語言素材

積累「語感」素材，主要是指積累辭彙。

辭彙的數量遠比一般文字活潑龐大。我們要培養敏銳的「語感」，首先要積累辭彙，否則，「語感」只是空中樓閣。

積累辭彙的方法是處處留心。

平時讀書看報章雜誌、與人交談、聽課、收聽廣播、觀看影視……等等，隨時都能獲得新的、有用的詞語，尤其是閱讀優秀的文學作品，更能獲得豐富的詞語。關鍵是要費心認清每個詞句的音、形、義，隨時儲存在記憶中，選抄在筆記中，使用在表達中，久而久之，就會有許多精詞妙語供你隨時隨地選用了。積累豐富的辭彙後，說話時還要做到聲情並茂、字正腔圓等等。

與人交談時，如果你有很多的詞句可以渲染氣氛或交相運用，自然就會給人博學多識的印象。

當然，辭彙不可濫用，用得過火，也會造成賣弄的印象。

二、辨析詞語特點

詞語的運用方面，有許多微妙而複雜之處，「語感」的敏銳意味著用詞選句之時又快又準，因此，必須對每個詞句的意思、程度以及相互搭配的特點加以分辨。

例如，「講話」、「講課」、「講解」、「講座」、「講演」……等詞，主要的意思都是講，但內容、對象、場合和範圍有所不同，是不能互相代替的。鍛鍊「語感」必須從這些細微之處入手。

此外，同義詞、近義詞的不同意味也要多加注意，如果忽視了其中的細微差別，把貶義詞當作褒義詞或中性詞使用，或把僅適用於書面的詞語用在口頭上，那就會丟人、鬧笑話。

口頭話語和書面文字的區別也是一個值得注意的問題。有些詞句只適於口頭或書面，用反了也會鬧出笑話。譬如「一日曝之，十日寒之」，用在文章之中未嘗不可，但口頭上這麼說，別人就會笑你咬文嚼字，是個食古不化的書呆子。

三、養成遣詞造句的習慣

培養遣詞造句習慣的主要方法是多聽多讀，經常接受良好的語言刺激和薰陶。所謂「良好」是指語言的質量較高，既生動又簡潔。

有些尚未學過語法的孩子爲什麼說話通順，頭頭是道呢？

因爲，他從大人的言談話語中得到了良好的薰陶。

學校裡的語文課爲什麼要學許多典範文章呢？

因爲，這些典範文正是遣詞造句、組織語言的示範。

語言能力較強的青少年，爲什麼大都得益於大量的課外讀物呢？因爲，大量閱讀有利於培養敏銳的語感。

我們說的話和書報上印的文章、句子，數目是無限的，可是句子的構成格式是有限的。如果我們多聽多讀，經常接受質量較高的語言刺激，那麼無形之中，我們就會養成一種正確的遣詞造句的習慣。

總之，要使自己在交際活動中「出口成章」，一定要有良好的語感基礎。如果你覺得自己的語言能力還有某些欠缺，那麼，就請你從以上的三個方面努力吧。

厚黑智典

塞坦蒂說：「談話就好像是在做一份沙拉，除了蔬菜之外，還得配上各式各樣的佐料。」

說話的時候，要看緊自己的舌頭

粗心大意的話可能招致想像不到的危險，殊不見，在這個光怪陸離的社會，發展成犯罪行為的，也可能是異想天開的幾句話。

美國作家霍姆斯曾經說：「談話有如彈豎琴，如何讓它停止發出聲響，和如何讓它奏出樂音，兩者同樣重要。」

這番話無疑告訴我們，不管在什麼場合，與別人交談之時，小心謹慎永遠比賣弄口舌來得重要。

有的人往往因為多話，一時口快而引起不必要的困擾，事後懊悔不已。

少說話會降低出錯的頻率，不過相對的也會失去自己受到別人肯定的機會，這無疑是兩難的抉擇。

折衷的方法是，只在必要的時刻說出必要的事情，並且以正確適當的方式表達自己的想法，才是明智之舉。

常常在背後談論是非或說別人壞話，是要不得的行爲。所謂「隔牆有耳」，在背後議論別人，最終難免會傳至當事人的耳內，導致彼此心中滋生怨懟、憎惡。

尤其是在辦公室，同事之間關係極爲敏感，你所說的每一句話，有心人肯定聽得一清二楚，並且會加油添醋轉告當事者，矛盾自然就產生了。

一個非常注意身體健康，日常生活規律，且每天慢跑鍛鍊體魄的人，倘使由於粗心大意闖了紅燈，以至於被車撞傷，最終成了植物人，那麼，他以往的努力就會瞬間化作泡影。

說話又何嘗不是這樣？

因此，說話的時候要看緊自己的舌頭，注意隨時謹言愼語，避免因一時的出錯而惹來終身的遺憾。

粗心大意的話可能招致想像不到的危險，這可不是危言聳聽。殊不見，在這個光怪陸離的社會，造成離婚的導火線，也許只是幾句不中聽的隻字片語；發展成犯罪行爲的，也可能是異想天開的幾句話。

這類意想不到的事情其實並不少見。由此可知，隻言片語釀成大錯的危害性，是不能輕率地加以忽視的。

厚黑智典

愛比克泰德說：「大自然賦予人一條舌頭和兩個耳朵，為的是讓人聽到的話兩倍於說出的話。」

注意談話的十點忌諱

不要當別人對某話題興致勃勃之時，你卻表現得不耐煩，並將話題轉移到自己感興趣的方面去。

談話的藝術或是得體的交往，常常考驗著我們的應對進退能力，其中的要訣是視實際狀況，時而抓住某些議題，時而避開某些議題。總之，就是要使談話的過程保持愉快，如此才對自己最有益處。

英國思想家法蘭西斯．培根曾經勸告世人說：「如果你將愉快的心情分享朋友，你將會加倍快樂。」

要使自己和別人同時擁有愉快的心情，我們除了要注意自己的儀表、禮節、舉止以外，還應該注意自己的談吐。

必須記住，任何令對方不愉快的談話形式，都是不禮貌的表現。

因此，爲了使自己在交際活動中能夠左右逢源，應該提醒自己注意以下與人交談的十點忌諱。

1. 不要打斷他人的談話，或是搶接別人的話題。
2. 不要使用只有自己才知道的簡略說法，使對方一時難以領會你的意思。
3. 不要分散注意力，使別人再次重複已經談過的話題。
4. 不要連續發問好幾個問題，讓對談的人覺得你的態度過分尖銳或要求太高，很難應付。
5. 不要對別人的提問漫不經心，使他感到你不願傾聽他的敘述或助他一臂之力。
6. 不要隨便解釋某種你不很清楚的現象，也不要對別人談話內容輕率妄下斷語，藉以表現自己內行。
7. 不要虛虛實實，或顧左右而言他，令人迷惑不解。
8. 不要一再強調某些與主題風馬牛不相及的枝微末節，使人感到厭倦、窘迫。

9.不要當別人對某話題興致勃勃之時，你卻表現得不耐煩，並將話題轉移到自己感興趣的方面去。

10.不要將正確的觀點、中肯的勸告佯稱為是錯誤和不適當的，使對方懷疑你話中有戲弄之意。

厚黑智典

愛迪生說：「說話時，溫和友善的妙語更使人歡愉，那是一種比美貌更為悦人的風儀。」

誘使對方朝著你的方向走

雖然運用兩者中選擇一種的方法，常會產生許多障礙，但是，可以迫使處於疑惑不決的對方，朝著你所希望的方向去選擇。

美國演說家赫拉在提到如何運用「潛在心理術」時，經常引述歷史上偉大人物的政治演說，以下是他最常提到的例子。

古代羅馬的政治家布魯斯特在殺害凱撒之後，有一場說服長老院長老的演說，其中一段話是這樣說的：「你們是希望讓凱撒死，而你們大家過自由的日子，還是希望讓凱撒活著，你們都淪爲奴隸終至死亡？這兩者，你們要選擇的是什麼？」

事實上，這段演說主要是爲了讓長老院的長老，放棄其他選擇的辦法，迫使他們在「自由」或「死亡」之中進行選擇。

另外，還有一句名言：「不自由，毋寧死。」

這是美國人爲了擺脫英國的統治，巴特利克郭利所說的一句話，又可稱爲是獨立戰爭的宣戰宣言。

選擇一個好的獨立宣言，對當時的美國人來說非常重要，因爲萬一失敗，是會被當作反叛者而處以極刑的。

爲了避免人們的迷惑，要人民自己做決定，於是巴特利克郭利採取了二選一的方法，使他的名字留傳後世，那就是：「要鎖鏈還是要隸屬？要英國還是要戰爭？」以及「不自由，毋寧死」等等。

以這種強調一方的缺點，而在兩者中選一的方法，在自然的情況下，聽衆一定會選擇你希望中的那一個。

即使該項選擇的利益非常微小，但因爲別無其他選擇，聽衆也只有勉爲其難地選擇這一個。

雖然運用兩者中選一的方法，常會產生許多障礙，但是，可以迫使處於疑惑不決的對方，朝著你所希望的方向去選擇。

例如，當你要說服正在選擇學校的人時，可以這樣說：「與其勉強進入一流的學校，在競爭中產生挫折感，還不如進入二流的學校，自己努力讀書，反而更能產生自信心。」

像這種說服方式，一定可以解除正處於彷徨猶豫的考生和父母的疑慮。

厚黑智典

英國作家哈茲里特說：「交談的藝術，不只是讓人聆聽的藝術，也是聆聽別人說話的藝術。」

反唇相譏只會傷害彼此的關係

無論你的下屬對你造成怎樣的傷害，千萬不要和他吵架，一定要保持冷靜。一個成功的領導者首先要做的就是訓練自己的包容力。

蘇聯有句諺語：「該用舌頭的地方，用拳頭並不能解決問題。」

其實，所有做出蠢事的人，都是在拳頭跑得比舌頭快的時候產生的，因此，做任何決定之前必須牢牢切記，許多事是用語言的力量可以巧妙解決的，又何必非得動用拳頭呢？

成功的領導者首先應是一個寬宏大量的人。

身為領導者，首先要有寬闊的胸襟，這既是一個人成就事業的必備條件，也是一個領導者能否得到下屬好評和認可的必備條件。

我們很難想像，一個器量狹隘、睚眥之仇必報的領導者會受到下屬們歡迎，即使他有很高強的能力。

譬如，有的領導者一遇到下屬犯了點小錯誤，便從此看他不順眼，下屬當面提了幾個意見，或是在背後講了幾句不是，就懷恨在心，處心積慮要找機會加以反擊報復，久而久之，就沒有下屬會服從、支持他的領導。

因此，領導者一定要有博大的胸懷，要嚴於律己，寬於待人，能虛心聽取各種不同的意見和建議。

如果領導者老是在小事上斤斤計較，毫無容人的雅量，對一些陳年舊帳念念不忘，在心理上把自己和下屬的隔閡鬧得越來越大，就不可能把下屬們團結起來，也極不利於開展工作和下達命令。

一個成功的領導者，一定是一個有涵養、心胸寬大的人，他能以寬容代替報復，以禮貌代替冷嘲熱諷，不會將心思繫於瑣事上，不會將氣惱掛在心頭；除此之外，對於不同脾氣、不同嗜好、不同優缺點的人，都能誠懇和他們溝通，使他們團結在自己領導之下。

即使是某一位下屬高傲自大，目中無人，不服從領導，領導者仍要儘量展現自己的善意，不能動不動就用手中的權力去加以懲罰教訓，只有品德、器量才能服人，權力有時並不能達到自己的目的。

領導者的大忌是在公眾場合與下屬吵吵鬧鬧，這不僅永遠無法彌補被你傷害的人，而且，其他人看了也會寒心，甚至於以前在團結下屬上所費的一切心思、努力都將付之東流。

譬如，下屬當眾頂撞你，或侮辱你，你該怎麼辦呢？是利用自己所掌握的權力，給他一個下馬威？還是找個恰當的時間，約他聊聊，化解一下矛盾和誤會呢？

很顯然的，後者的效果比前者要好得多，往往你的下屬就因這種寬容和以德報怨的氣度而大受感動，從此支持你的工作。

有一些領導者喜歡在公眾場合和下屬們鬥嘴、吵架，甚至以權力相威脅，這種行爲是極不恰當的。

必須記住：在任何時候，無論你的下屬對你造成怎樣的傷害，千萬不要和他吵架，一定要保持冷靜。

因爲，吵架只會兩敗俱傷，傷了和氣。

一個成功的領導者首先要做的就是訓練自己的包容力，包容各種類型的人，無論你的下屬與你有什麼過節，有什麼矛盾，或是經常對你的工作或能力評頭論足，你還是應該用寬容的心胸去包容他們，而不是用你手中的權力去對付他們。還擊只會使事情和關係變得更加糟糕。

厚黑智典

薩迪說：「誰要是為了展示自己的知識庫而打斷別人的談話，他就會使自己變得令人討厭。」

裝腔作勢不如裝聾作啞

人面臨窘境，裝腔作勢反而會暴露缺點，還不如裝聾作啞，暗中使勁。在某些場合，對於某些難以回答而又不好迴避的問題，你可以含糊其辭，模稜兩可。

俗話說：「話不投機半句多」。當你和朋友的談話陷入窘境時，不妨試著轉換話題，特別是提出對方感興趣的話題，就會使談話很快恢復正常，使氣氛活躍起來。

話不投機還有一種情況，就是有人有意或無意地開玩笑。

例如，某人脫髮，快變成禿頭了，有人挖苦他是「電燈泡」、「不毛之地」。在這種情況下，他若是幽默地一笑置之並說：「這證明我是『絕頂』聰明！」這樣答覆，話題未轉，內容卻轉折了，既表現出豁然大度，又擺脫了窘境。

話不投機的另一種情況是雙方意見對立，儘管談不攏，但問題還要解決，不能迴避。這種情況，就需要迂迴側擊，才能曲徑通幽。

洽談生意、聯繫工作的時候，我們隨時可能陷入僵局，只要還有轉圜餘地，就應該試著提出新話題。

遇到窘境的時候，轉移話題或許能開闢新的途徑。

在某種勾心鬥角的場合，如果處境對自己不利卻又無計可施，什麼也不能表示，那就索性裝聾作啞，避免落入對方設計的圈套。

一九四五年七月，美、英、蘇三大國首腦在波茨坦進行會談。有一次休息之時，美國總統杜魯門故意對史達林透露，美國已經研製出一種威力極大的炸彈，暗示美國已有原子彈。

這時，邱吉爾也兩眼直盯著史達林，想觀察他的反應。

然而，史達林好像什麼也沒聽見，並未顯露出絲毫表情。

其實，史達林聽得很清楚，當然也聽出了杜魯門的弦外之音，內心焦灼不安。因爲，會後他立即告訴外交部長莫洛托夫說：「加快我們的研製進度。」

一個人面臨這種窘境，裝腔作勢反而會暴露缺點，還不如裝聾作啞，暗中使勁。

在某些場合，尤其是社交和外交場合，對於某些難以回答而又不好迴避的問題，你可以含糊其辭，模稜兩可，做隱晦籠統的回答，如「可能是這樣」，「我也不太了解」……等等，既擺脫了對方的糾纏，又給自己留下迴旋餘地。

再如有人和你因爲某事爭執不下，而又鄙視你說：「你懂什麼？跟你爭論簡直是對牛彈琴！」

你可立即接引起來回敬對方：「對！牛彈琴。」

這種直接的反唇相譏的方法常常見到，但總有爭辯之嫌，效果不如幽默好。

要想做到巧問巧答，最根本的是掌握說話的藝術，從實際情況出發，運用得當才能化險爲夷。

厚黑智典

馬克吐溫說：「恰當的言詞可能會十分有效，但任何言詞也比不上一個適當的停頓那麼有效。」

了解性格，應該從研究情緒開始

不能以幾個外部特徵來推測一個人的全部情緒。但是，你卻能透過對一個人的詳細觀察，推測對方的思想，以及情緒反應。

一個初次見面的人性情究竟如何，倘使單單觀察他的面部流露的痕跡便遽下定論，是不完全正確的。

比方你見到的是一個嘴角老是向下斜拖的人，你便懷疑他是一個多愁善感的人，可是他卻時常有幾個有趣的表情溢於臉部，又證明他是一個快樂的人，那麼你怎樣判斷他的脾氣？

這時，就必須再運用其他方法加以觀察。

例如，在某種特殊的環境下看一個人的姿態如何，面部表情如何，聲音腔調如何，以及行動如何。

這其中又以他所說的言詞最爲重要，假如你能仔細觀察的話，那麼認識就會比較準確。

有一位著名的美國商人，不但非常熟悉商情，並且又有豐富的閱歷，他聘請僱員最主要的方法是對應徵者進行口試。

口試的第一個問題總是這樣問：「先生，你能對我們公司貢獻些什麼嗎？」面對這個問題，應徵者往往窘得說不出話來，當然這些人是不會被錄用的。

他這樣問自然有他獨特的理由。

他說：「在我們這家公司裡，應當僱用頭腦清晰的人，他如果對我這個問題都答不出來，別的就可想而知了。」

一個能做到唯才是用的人，總覺得對方絕對不能百依百順，應該有自己的主見；一味地依從的人一定缺少創造力。

當然，我們不能以一兩個條件去判定一個人的全部行爲，因爲，人的行爲是分外錯綜複雜的。對於這一點，世界著名的心理學家桑達克曾經這麼說：「事實是這樣的，無論在一張什麼樣的人類行為圖上，有大半是不正確的。因為上天給人們的智力與天賦本來就不同，再加上學習和自修的不同，個性的差異，他的行為是無法考慮周全的！」

由此可見，不能從幾個對象和事例，概括一種理論。

這也就是說，不能以幾個外部特徵來推測一個人的全部情緒。但是，你卻能透過對一個人的詳細觀察，推測對方的思想，以及情緒反應。

心理學界先驅、曾任美國哈佛大學教授的蒙思太白雨曾經說：「要是在一間家庭談話室裡，我提到男性的名字時，我身邊的女孩就會面紅耳赤，若她在看一封信時暗露愁色，我們已經知道她的內心感受了。假使，她在某一個環境裡與高采烈地和熟悉的男子談話，偶然進來了一位年輕英俊的陌生男子，就會發現她彎下了脖子，去玩弄自己的手帕或扇子之類，而且呼吸深長，她的眼眶也會較大，表現出正在渴望的神情來，那你便可以知道她是多麼的嚮往那異性。若不能如願她便會感到失望，那時她嘴角便會下意識地做小動作，如果她的聲音都因失望而顫慄，那表明她的失望到了極大的程度了。」

這些觀察人們情緒反應的知識是相當普遍的，其實，我們也在日常的生活中不自覺地運用了，只不過本身毫無察覺罷了。

例如，你難道沒有見過一個女子的面紅耳赤？她面紅耳時，你難道不知道她是因爲害羞或是發窘？

厚黑智典

俄國作家萊蒙托夫說：「供給人們的甜食已經過多了，因此我們需要苦口的藥和逆耳的忠言。」

別讓臉色洩漏了你的心思

人的臉部比其他一切部位更靈敏，表情不是靜止的東西。感情的變動會隨時在你的容貌上顯示出來，你的喜怒哀樂都能從臉找到影子。

人的臉部表情最爲豐富。據某些研究資料推測，一般人的臉部表情達二百多種，至於那些電影明星的表情就更多了。

有一本書上說：「臉部是人體中提供非語言感情傳遞最多的場所。」

儘管有些人不同意這一觀點，認爲手是傳遞信息最多的，但是他們也認爲，有些臉部表情，是手無法傳遞的。

例如，我們與別人面面相對，在說話之前，看對方臉色，大致就可以了解他的心理狀態，即是由於我們在不知不覺中，已經開始察言觀色。

臉部所流露出來的感情無需特意推究，就能看出對方心理。因爲，人的臉部是心靈或是內在想法的直接表示，從臉部表情的改變，可以準確看出一個人的心思。

如果你一天到晚板著臉孔，人家就會知道你有一副惡劣的脾氣。假如你老是皺著眉頭，也許是你在凝思什麼，但人家一看見就以爲你在討厭他們。

臉部表情也能夠表達震驚或詫異。在這種情緒狀態下，一個人的嘴會張得大大的，由於震驚，下顎的肌肉會放鬆。

當然，有時候嘴巴無意識地張開，並非是由於震驚，這種情形發生在一個人非常專心於一件事時，例如一個人專心組合精細的機械零件時，眼睛之下的每一條肌肉會完全放鬆了，甚至有時連舌頭都會伸出來。

人的臉部比其他一切部位更靈敏，表情不是靜止的東西。感情的變動會隨時在你的容貌上顯示出來，你的喜怒哀樂都能從臉找到影子。從臉部和態度的改變，也可以看出你對別人的好惡如何。

在談判桌上，可以觀察到許多面部表情。例如，一個極具攻擊性的談判者，會把談判看成是「你死我活」的競技場。他臉部的典型特徵是：睜大眼睛看著你，嘴唇緊閉，眉角下垂，有時甚至嘴唇不太動卻含混地從牙縫裡擠出話來。

另一種人卻擺出純潔無辜的姿態，半閉或低垂著眼簾，露出淡淡的笑意，有著平和的秀眉，前額上沒有一絲皺紋，然而，他可能是一個很有能力而且具競爭性的人，他相信合作是一種強有力的過程。

這樣的人，在彼此間產生衝突時，則會產生與平時大不同的表情，眉毛通常是下垂，眉頭皺起，牙齒雖然未露出來，嘴唇卻緊緊地繃著，頭和下顎挑釁地向前伸出，與對方怒目相視。

如果在一張臉上連一絲笑容都找不到，那麼這就是一張嚴肅的臉孔，換句話說也是無表情之意。

這樣的臉孔我們稱做爲「撲克臉」「臭臉」，也就是任何感不表現在臉上。但是，沒有表情的臉孔後面往往隱藏著更豐富、更爲激烈的感情。正是由於感情過分豐富，並且有意不讓他人了解，以嚴肅的臉孔掩蓋其感情的流露。

有人在本來該表示高興的場所，故意裝出不高興的樣子。這種人一般是虛僞的。

例如，某人很喜歡當官，有一天被提升爲科長的時候，本來應該喜形於色才對，但是他卻一點也不露出來高興的表情，甚至還會對恭賀他的人說：「沒意思，提與不提都是一樣。」甚至會裝出一副不太高興的樣子。當然這是在公共場合，一旦回到家裡，就會表現出另一副面孔了。

實際上，人的情感表現，有時不一定始終保持坦率的情形。潛藏於內心的種種感情和慾望，由於各個時期的內在、外在條件而複雜曲折地表現出來，從而使人產生一種錯覺，例如在可笑時哭泣、在悲傷時大笑……諸如此類。因此，有必要結合身體的其他語言作出分析。

厚黑智典

斯威夫特說：「歷史上的那些偉人，都恪遵著兩個重要準則：始終不露聲色和永遠不守信用。」

爭論，只會浪費你的生命

只要是針鋒相對的爭論，無論你說得多麼精彩，多麼富有哲理，也很難讓對方心服口服、甘拜下風。

法國思想家拉羅什福科說：「有許多人和人交談後，讓人留下不講理的壞印象，那是因為他們滿腦子裝著自己想說的話，而不去聽對方的話。」

在日常生活中，遇到喜歡喋喋不休和人爭論的「雄辯家」，最好趕快找藉口開溜，因爲這種人專門在浪費別人的生命。

《韓非子》裡有一則「白馬非馬」的故事，強調縱使你在言詞上獲得勝利，在現實生活中也無多大效用。

公孫龍子是春秋戰國時代最著名的詭辯家，喜歡玩弄詭辯伎倆，曾經提出「白馬非馬」的理論，辯得諸子百家啞口無言。

公孫龍子的論點是，馬群之中包含了白馬、黑馬、棕馬及雜色馬……但是在白馬群之中，卻找不到黑馬、棕馬和雜色馬……白馬既然並不足以概括所有馬類，因此，自然不能稱作「馬」。

公孫龍子辯才無礙、舌燦蓮花，「白馬非馬」的理論的確讓他聲名大噪，出盡鋒頭。可是，這種「輝煌的成就」，在現實生活中卻毫無用處。

有一回，公孫龍子騎著白馬經過一處必須繳交馬稅的關卡，又口若懸河地向稅吏大談「白馬非馬」的理論，談到最後，他下結論說：「既然白馬不是馬，當然不必繳納馬稅。」

但是，稅吏卻對他說：「你說得很有道理，問題是，你明明騎著一匹馬，還是請你繳了馬稅再通過吧！」

《愚人頌》的作者，荷蘭思想家伊拉斯謨說：「我寧願沈思默想，也不願意把時間浪費在毫無意義的爭論上。」

爭論的道理和「白馬非馬」的故事相同。只要是立場不同、針鋒相對的爭論，無論你說得多麼精彩，多麼富有哲理，也很難改變對方的價值觀，讓對方心服口服、甘拜下風。

與其耗費時間和他做這種沒有結果、徒傷感情的爭論，倒不如做做運動，到戶外走走，至少對自己的身體還有一些好處！

厚黑智典

黎巴嫩作家紀伯倫在《沙與沫》中說：「話最多的人是最不聰明的人；一個演說家和一個拍賣者，幾乎沒有分別。」

PART 7

站在對方的
立場來說服對方

如果從一開始就強調自己的立場，
彼此間的鴻溝就會越來越深，
當對方有了對抗的心理狀態時，
你是絕對無法說服他的。

站在對方的立場來說服對方

如果從一開始就強調自己的立場，彼此間的鴻溝就會越來越深，當對方有了對抗的心理狀態時，你是絕對無法說服他的。

莎士比亞在《亨利四世》中曾經寫道：「即使理由多得像烏莓子一樣，我也不願在別人強迫下給他一個理由。」

強迫，絕對不是最好、最有效的溝通方式，而且極可能衍生負面的結果，最後與自己的期待背道而馳。

因為，就像你可以把馬牽到河邊，但是無法強迫牠喝水一樣，人其實很難透過強迫性的舉動，說服別人贊成自己的觀點，或是要求別人按照自己的主觀意志，去做他們百般抗拒的事情。

在錯綜複雜的人際關係中，不是每個人都有左右逢源的能力。要讓別人喜歡並相信你，以便順利推動事務，除了首先肯定自我，還應當探究人的潛在心理，然後發揮舌頭的功力，爭取對方認同。

須知，運用心理學的技巧，會使你深得人際交往的奧妙，而不會被一些表面現象所迷惑，並且能在自己和他人之間，架起一座心靈的橋樑。

美國第十六任總統林肯，曾經以一句「爲人民而創造的政治」之名言，掌握了民衆的心，而爲民衆所擁戴。

林肯總統在面對需要說明的場面時都會說：「我在開始議論時，就會將彼此意見的共同點尋找出來。」

林肯在有名的奴隸解放演說中，最初三十分鐘，只敘述一些持反對態度者所贊同的意見，然後再將反對者，按自己的目標逐漸地拉到自己這邊來。

林肯的說服方法，如果從潛在心理學來看，有兩個要點。

第一就是人往往在被別人壓抑住其自身的意見時，自己才發現眞實的一面，而反過來完全地信賴對方。

第二就是「自我發現」時，在主觀上仍非常相信就是自己的意思，而事實上，這往往是被說明者誘導出來的結果。

林肯運用這個技巧的秘訣，就是在演講的前三十分鐘，先巧妙地軟化敵方，也就是在開始時先強調敵我之間的共同點，引導對方，使他們一步步接受自己的觀點。

如果從一開始就強調自己的立場，彼此間的鴻溝就會越來越深，而演變成「如果你有那種想法，那我只好和你拼了」的局面。當對方有了這種對抗的心理狀態時，你是絕對無法說服他的。

因此，如果在交涉的場合有五項待解決的事情，而你在剛開始時，就能把五項中最困難的問題提出來，也不失爲是一種好的做法，因爲最困難的問題都能解決，其他的當然不會有什麼問題。

但是，對方必定也很在意大問題，也有可能從一開始交涉，就因決裂而使事態惡化。

所以，在這種情況下，一個能幹的交涉者，往往在開始時以比較簡單的問題作爲議題。

而且在討論這個議題時，他會說：「事實上也沒有任何別的問題，至少對於這個條件，我們的意見是一致的，下一個事項同這個事項也沒有多大的差別……」

如果五個問題中能用這種方法使對方贊成三個的話，那麼這個會議就差不多可以結束了，即使到了後面要討論最大、最困難的問題，只要採取這種方式，十有八九是都會成功的。

厚黑智典

J·凱利說：「喜歡到處和人打架的狗，通常會跛著腳回家。」

讚美不是阿諛諂媚

有些人不肯讚美別人，第一是誤認為讚美就是諂媚，有損自己的人格；第二是自視清高，覺得一般人都比不上自己。

大部分的人一方面希望別人能夠客觀地了解自己，一方面打從心底裡渴望別人對自己多加肯定。因此，當我們正確無誤地誇獎別人引以爲傲的優點時，對方可能會覺得十分窩心。

在某些時間，某種場合，發自內心地對他人說出禮貌性的讚美，只要不是那種誇大其詞的胡亂吹捧，對彼此之間的心靈溝通和增進友誼，是大有好處的。

有些生性內向的人可能會認，讚美別人的話實在令人羞於啓齒，因而產生排斥抗拒的心理。

其實不然，讚美不是一味瞎吹亂捧，並不是委屈自己去阿諛諂媚，而是發覺對方的優點長處時加以肯定。

每個人都有自己的長處和短處。我們不應該一味地盯著別人的短處看，而忽略別人獨特的長處，而應該以「金無足赤，人無完人」的觀點，原諒他人的短處，看重他人的長處。

我們當眾讚美某人，並不是要欺騙大家，只是要大家注意他的長處，也讓他因爲受到大眾的注意而格外珍惜自己的長才，繼續朝這方面努力。

可見，讚美絕不是有求於人的低下行爲。

讚美有好幾種方法，第一種方法是「貶低自己」。

適時地貶低自己，即能相對地捧高對方。這種方法，即使是不擅言辭或不擅讚美的人，也能輕而易舉地使用。

技巧性地批評自己略遜對方一籌，可以讓別人在心理上產生平衡感，充滿自信心，對方聽了之後，心中的舒坦自然不言可喻。有時，你不妨試試這種「貶低自己」的方法，達到激勵別人的目的。

讚美的第二種方法是「當面誇獎」。

讚美和討好原本就很難界定，中間存有模糊地帶，一般而言，讚美是正面的誇獎，討好則是具有目的性的阿諛奉承，屬於一種較卑劣的手段。

「你的身體看起來眞棒，請告訴我你是如何鍛鍊的，行嗎？」

「你的銷售任務總是完成得那麼好，有訣竅嗎？」

我們都清楚，表揚也是讚美的一種方式，通常是上級對下級的一種激勵手段，而誇獎是不分階級的。

當然，誇獎是有技巧的，要切記不要隨便見人就誇獎，更不要輕易討好與你有芥蒂的人，否則，他會認爲你別有用心，反而使內心的成見加深。

總之，誇獎別人的時候必須言語坦誠，否則，只會讓人感覺到你是無事不登三寶殿，從而心生警戒。

朋友之間聯繫感情，原不是一件容易的事，用讚美的方式來聯絡感情，是最簡單、最有效的方法。

有些人打從心裡就不肯讚美別人，第一是誤認爲讚美就是諂媚，有損自己的人格；第二是自視清高，覺得一般人都比不上自己；第三是害怕別人勝過自己，使自己相形見絀。

其實，爲人處世大可不必抱有這種負面心理，爲了與談話對象相處得更融洽，你不妨研究一些如何讚美別人的方法，只要你的讚美是出自眞誠的，必然可以領略到其中的好處。

厚黑智典

英國思想家培根說：「用適當的話和別人進行交涉，遠比言詞優美、條理井然更為重要。」

如何讓恭維恰到好處

人不管男女，不論地位高低，對於加諸自己身上的稱譽都是歡迎的。因為，稱譽能帶來成就感和自信心。

德國詩人兼思想家歌德認爲，每個人都有潛在的虛榮心理，只是表現虛榮心的方式與程度略有不同而已。

他曾在日記裡寫道：「我們對自己的形象和人品所懷的急切之心，時時刻刻表露出來。我們愛出鋒頭，常常炫耀自己的才能或是其他引以為傲的事物，希望別人能夠特別注意自己。」

幾乎每一個人都有偏愛某種虛榮的心理，當你搔到癢處，大加頌揚時，當然會使他們產生極大的興致。

開啓人們心靈的鑰匙，就是設法找出別人偏愛的虛榮所在。

恰當的讚美和恭維，是人際交流中一種很有效的方法，可以用來抬高別人的自尊心，贏得別人的好感和協助，拉近彼此的心理距離。

美國總統羅斯福就是善於使用這種方法的典型人物，他對任何人都能恰當地加以讚譽，因此在從政過程中化解了不少阻力，獲得了許多助益。

林肯也是一個善於使用讚譽方法的人。找出別人引以爲傲的事情和引起對方興趣的話題，一直是林肯的日常工作。

林肯總統就曾經說過這麼一句名言：「一滴甜蜜糖所能捕獲到的蟲子，要比一斤苦膽汁多得多。」

其實，人不管男女，不論地位高低，對於加諸自己身上的稱譽都是歡迎的。因爲，稱譽能帶來成就感和自信心。

當然，有時胡吹亂捧的恭維也會引起反感，這是因爲沒有掌握恭維技巧的緣故。

要使自己對別人的恭維達到效果，必須牢記對方的性格特點。

有的人虛榮心極強，無論在什麼場合，都巴不得別人對他百般恭維，而且一聽到恭維的話語便得意忘形。

但是，有的人只喜歡在個別事情上聽到恭維。

有的人喜歡聽到別人恭維他的特殊才藝，有的人喜歡聽到別人讚譽他熱心公益，有的人喜歡聽別人稱讚他的演說技巧，而有某一部分的人，則特別喜歡聽到別人誇獎他的商業才華。

爲什麼會這樣大異其趣呢？

因爲，這是他們所偏愛的虛榮不同。

英國著名的外交官吉斯斐爾勳爵曾說：「各人有各人優越的方面，至少也有他們自以為優越的方面。在自認優越的方面，他們能夠承受得住別人公正的批評，但在那些還沒有自信的方面，他們尤其喜歡別人的恭維。」

這段話告訴我們，開啓人們心靈的鑰匙，就是設法找出別人偏愛的虛榮所在。

想要快速發現一個人的弱點，其實只要觀察他最喜歡的話題。因爲，語言是「心靈之音」，一個人講得最多的事物，一定是他心中最渴望的。如果你能明白這一點，適時地在這些方面恭維他，那麼你便搔著了他的癢處。

吉斯斐爾勳爵還舉女性爲例告訴我們：「儀容嫵媚是任何女人偏愛的虛榮，並且是常想受人讚美的重點。但是，那種具有無可懷疑和不容比擬的絕色女子，對於自己的儀容的媚已有絕對的自信，那麼你就要避免稱頌這一點，必須去稱頌她們的智力。如果她的智力恰巧不如別人，那麼，你的稱讚一定會使她現出滿面春風。」

厚黑智典

英國作家約翰遜說：「沉默會繁衍滋長，談話中斷得越久，就越難找到適當的話來說下去。」

你的話為何「有點冷」？

容易引起冷場的原因是，個人吸引力不強，或存有溝通上的心理障礙，或心情影響情感交流，或情境使人產生壓抑感，或沉默氣氛感染旁人……等等。

在交談過程中，由於話不投機或不善表達，常常出現冷場的情況。

冷場無論對於交談、聚會、聊天、談判，都是令人窘迫的局面，在人際關係中，無疑是一種「冰塊」。打破冷場的技巧，就是轉移注意力，轉換話題。

冷場一般出現在雙方對談話缺乏內涵，或對議題不感興趣。

在交際活動中，如果當事人一時沒有交談的慾望，那麼，會話在這個時候就成了多餘，冷場便不可避免。

另外，還有一些容易引起冷場的原因，例如，個人吸引力不強，或存有溝通上的心理障礙，或心情影響情感交流，或情境使人產生壓抑感，或沉默氣氛感染旁人……等等。

有人分析，認為以下十種情況時，最容易「話不投機」而出現冷場：

- 彼此不大相識；
- 年齡、職業、身份、地位差異大；
- 心境差異大；
- 興趣、愛好差異大；
- 性格、素質有異；
- 平時意見不合、感情不合；
- 互相之間有利害衝突；
- 異性相處，尤其在單獨相處時；
- 因長期不交往而比較疏遠；
- 交談雙方均為性格內向者。

冷場是交談即將失敗的徵兆，所以，談話雙方對可能出現的冷場，要有一定的預見，並採取措施加以補救。

譬如，舉行座談會時，可精心挑選出席的人士，既要考慮與會者的代表性，也要考慮與會者的可能發言率，以免坐而不談。

有時，甚至可以先排定座次，儘量不要讓最可能出現冷場的幾種人坐在一起，使說話少一點拘束。同時，還要將健談者與寡言者適當地互相搭配，這樣就可以避免出現冷場。

厚黑智典

比爾斯說：「談話是一種展銷思想小商品的交易，每個人都過度關心自己陳列的貨物，而不去留意別人的。」

如何讓別人打開話匣子？

關心、體諒、坦率、熱情，是打破冷場最有力的「武器」，以這樣的態度去努力，「堅冰」也可以融化，僵局當然不難打破。

激勵大師戴爾．卡耐基曾經這麼說：「打動人心最高明的方法，就是跟他談論他覺得最珍貴的事物。」

的確如此，當交談的對象拙於言詞，或是表現得冷漠之時，只要你能改變方向，選擇對方最感興趣的議題，便能開啓他的心扉，彼此的交談就會變得熱絡，交情也就會從此開始。

避免交談時出現冷場，是談話雙方共同追求的目標，但是，萬一出現冷場，還是要有些準備。

作爲主人、會議主持者，或是會話的一方，你可以用下面的做法打破冷場：

• 立刻向對方介紹一個人、一件事或一樣東西，以轉移他們的注意力，激發他們重新開口的興致。
• 提出一個大家可能感興趣的話題，或是有可能參與發表意見、看法的話題。
• 開個玩笑，活絡一下現場氣氛，再巧妙地轉入正題。
• 用聊天的方式，和一兩個人談談家常，聊聊彼此的情況，設法引出眾人關注的話題。
• 故意挑起一場有益的爭論。
• 就地取材，對環境、陳設等發表看法，引起議論。

談話的話題是否有趣、有益，和冷場的出現有很大的關係。「曲高和寡」會導致冷場，「平淡無味」同樣會引起冷場。

主人或主持者如果不希望出現冷場，應該事先做些準備，使自己有點「庫存話題」，以備不時之需。

年齡大的人喜歡回憶往事，可以和他們聊聊歷史的沿革、民情的變遷、風俗的演化……等，由於他們對於掌故了解較爲豐富，濃厚的談興往往會油然而生。

如果沒有別的話題，那麼不妨向他們詢問一下子孫兒女的近況，一般都能撬開老年人的話匣子。

年輕人性格較爲活潑，愛好廣泛，音樂、影視、美容、體育、旅遊、時事……等都可激起他們的談興。

一般而言，和女性談話，可選擇一些家庭趣事，但和男性賓客講相同的內容，必然被視爲婆婆媽媽；企業家對於自己的產品興致勃勃，卓有成就的人喜歡暢談自己的奮鬥歷程，事業失敗的人不喜歡提及不走運的往事……

總之，打破冷場的話題，「聚焦點」要準確，「參與值」要高，即話題應是對方關心的焦點，才能引起談興。

必須注意的是，如果話題可能使在場的人窘迫或不安，哪怕可立即活絡氣氛，也不宜作爲打破冷場的話題。

譬如，某人最近遭逢喪子之痛，就不要當著他的面大談兒女之事，以免勾起他的傷感。

關心、體諒、坦率、熱情，是打破冷場最有力的「武器」，以這樣的態度去努力，即使對方是「堅冰」也可以融化，僵局當然不難打破。

會話遇到冷場，不妨以熱誠的態度，運用上面介紹的技巧，作一次成功的「破冰」嘗試。

厚黑智典

拉羅什富科說：「如果我們不能節制自己的舌頭，又怎麼能期望別人守住他們的舌頭，為我們保守秘密？」

不要在背後批評別人

如果你老是喜歡用自己的尺度去衡量別人，被你指責的人必然會對你抱持戒心或報復之心，誰知道他會在什麼時候從你背後敲一記悶棍？

日本心理學家夏目通利曾說：「人類自我實現的意識很強，因此要有接納他人的雅量，才能建立良好的人際關係。」

在社交場合裡，某些人說話往往會讓你覺得索然無味，進而使你認為這種人一定個性孤僻陰冷，喜歡背後放冷箭傷人。

也有某些人說話讓你覺得饒舌聒噪，使你認為，他們總是喜歡捕風捉影，任意批評別人，從某個角度說，簡直就是到處散佈別人壞話的八卦電台。

事實上，除非擁有豐富的觀察經驗，並且有不錯的洞察力，否則，千萬不要那麼輕易地論斷一個人，因爲人性並不是想像中那麼簡單。

有時候，不經意脫口說出的話傳開後，當事人肯定心存不滿：「你又不了解我，憑什麼在我背後亂批評？」

有了這種芥蒂，彼此日後相處自然難以融洽。

假如，你認定對方太沒內涵，不管你是否將這種想方告訴第三者，你的人際關係都會變得狹窄。

當你與朋友聊天的時候，如果談論到某個人，你表現出不屑的模樣加以數落，對方當面可能不表示什麼意見，甚至還會附和地說：「原來他是那樣的人！」但實際上，這種態度會產生不良的影響。

首先，和你談話的人可能會覺得你心胸不夠寬闊，喜歡憑自己的好惡妄下定論，缺乏體貼他人的胸懷。

第二，萬一被你指責的人知道後，他心裡也會覺得你是個卑鄙陰險的小人，喜歡在背後說人壞話。

其實，每個人都有優點、缺點，與其揭人之短，倒不如設法找出別人的優點，給予適當的肯定。

如果你老是喜歡用自己的尺度去衡量別人，被你指責的人必然會對你抱持戒心或報復之心，誰知道他會在什麼時候從你背後敲一記悶棍？

因此，當你與別人接觸的時候，如果保持著這種心理，將會使朋友一一遠離，因爲你以偏見看人的做法令人討厭。

心存偏見的人，通常都充滿主觀意識，然後帶上有色眼鏡看待別人。

這種人心裡只容得下自己龐大的影子，無法正確地判斷外界的人事物，視野、胸襟肯定難以開闊。

要讓談話的對象對你保持好感，首先不應該以自己的偏見去評判人和事，要有雅量傾聽他人說話，並且心平氣和讓別人把話說完，如此一來，你或許會有意想不到的全新見解。

我們應該明白，任何人的談話都可能會讓我們得到啓發，瞬間激發出靈感；與朋友溝通過程中，也常會獲得嶄新的觀點，讓困惑我們已久的問題豁然開朗。

人不是同一個模子印出來的，因此，不能老是以自己的尺度去揣測別人。與人交往時要保持彈性和包容力，如此才能擁有更多的朋友。

反之，如果你一味地以偏見批評別人，別人也會以偏見回敬你，你如何能開拓自己的生活領域呢？

厚黑智典

古羅馬思想家塞內卡說：「如果一方退出，爭吵就會很快停止，沒有雙方參加就不會有戰爭。」

不聽忠告，等於緊勒自己的脖子

用強辯、抗拒的態度對待忠告，只會讓我們失去一些正直的朋友，等於親手緊勒自己的脖子一樣，扼殺了自己的生路。

社會上的人都不是完美的，各有長處，也有各種缺點。

但是，有的人往往因爲未發覺自己的某種缺點，甚至以爲自己的缺點是優點，那麼，就需要聽聽別人的忠告。藉朋友的忠告來發覺自己不健全或不成熟的地方，並且加以改善，是彌補自己缺點的重要轉機。

因爲，自己看不清楚的缺點，別人往往能很清楚地看到，如果不知虛心改進，你的缺點肯定會成爲拓展人際關係的一大障礙，無法建立良好的人脈。

有位哲人說：「人類是以語言鍛鍊並培養的動物。」

接受忠告固然痛苦，但有益於自己的心性成長，以及人際關係的拓展。因此，唯有朋友間互相忠告，彼此才能擁有更完美的人生。不管在什麼情況下，我們都必須虛心接受別人的忠告，至於在接受的態度方面，應該注意以下幾點：

一、不要在乎是誰提出忠告，而要在乎忠告的內容

有的人相當在乎忠告者的資格或人品，常常厭煩地說：「你有什麼資格說這種話？」以致於失去自我反省的機會。

與其拘泥忠告的人是不是有資格勸戒自己，倒不如思考他所說的話值不值得參酌。抱持著「聞過則喜」的心胸，坦然面對自己的缺失，將非常有益於自己成長。

二、坦誠地道歉

對於別人的忠告，有的人一味地抱著拒絕、辯駁的態度，這樣不但顯露自己心胸狹隘，也會使得誠心勸告自己的朋友逐漸疏遠。發現自己有這種傾向，必須鼓起

勇氣爲自己的錯誤道歉，假使對方已經心生不悅，最好先設法平息他的怒氣，以後再找機會作解釋。

三、不逃避責任

如果自己犯了錯，卻將責任轉嫁給別人，並且推卸說：「這又不是我的責任！」或「都是××不對，事情才會變成這樣！」將會被認爲沒有責任感，這樣的辯白只會被當作諉過之詞。

其實，有些話乍聽之下好像蠻有理由，藉此來掩飾自己的失敗似乎言之成理，但是找理由爲自己辯解，其實是缺乏擔當的做法。失敗就是失敗，要勇於承認錯誤，要勇於接受忠告，逃避只會讓自己心中留下疙瘩，欠缺成長所必須經過的磨練。

四、不情緒化，不說硬話

強辯、不肯適時退讓的態度，無法建立好的人際關係，動輒情緒化或撂下硬話，同樣不受人歡迎。

釋加牟尼曾說道：「不聽人言的人無法得救。」

自己做錯事卻死不認錯，或是不加反省，只會證明自己的愚昧無知。

有的人對於別人的勸告感到不屑，刻意保持沉默。

有的人只是在口頭上接受，其實暗中一直抗拒著。

也有人惱羞成怒地反問對方：「你年輕時代也發生過這種事吧？」或「難道你就沒出過錯？」

這些態度都是要不得的。用強辯、抗拒的態度對待忠告，只會讓我們失去一些正直的朋友，等於親手緊勒自己的脖子一樣，扼殺了自己的生路。

厚黑智典

英國作家包斯威爾說：「永遠不要當著別人的面議論他，那樣是粗魯的行為，甚至可能得罪別人。」

認錯不會降低自己的威信

唐太宗並沒有因為承認錯誤而損害了自己的威信，相反的，卻使他成為流芳千古的曠世明君。

事情往往就是這樣，當我們刻意去追尋某種東西的時候，可能無功而返，但如果換一種方式，則可能輕而易舉地得到。

生活的辯證法，有時候和愛因斯坦的相對論是差不多的。譬如，有的人想要建立威信，用盡辦法卻無法達成，但是，有時候放下身段承認自己的缺失和短處，反而會讓大家感到敬重。

開創貞觀盛世的唐太宗，是一位勇於接受別人意見和批評的皇帝。

有一天，唐太宗心血來潮，問宰相魏徵：「為什麼歷史上的君主，有的明智，有的昏聵？」

魏徵回答說：「能夠聽取各方面的不同意見，就是賢明的君主；如果只聽信一方面的意見，就是昏庸的君主。例如，隋煬帝就是昏君，因為他不願聽到有人造反的消息，於是佞臣虞世基就投其所好，隱匿實情不報，結果導致國破人亡。」

唐太宗聽了這番話後頗為認同，於是廣納各方建言。

還有一次，唐太宗對大臣們說：「隋煬帝這個人學問淵博，也知道堯、舜賢明，桀、紂昏暴，可是為什麼他自己還是那麼昏庸呢？」

魏徵回答說：「一個好皇帝光靠天賦聰明和學識淵博是不夠的，還得應虛心納諫，彌補自己的不足之處。隋煬帝自以為才智甚高，目中無人，誰的話也不願聽，所以他說的是和堯舜一樣聰明的話，做的卻是桀紂那樣愚蠢的事，因而自取滅亡。」

唐太宗聽了，深覺有理，感歎道：「前世之事，後世之師。」

唐太宗也確實接受了魏徵的不少諫言，改正自己的一些過失，甚至有時行事，一想到魏徵的批評就會改變做法。

有一次，唐太宗準備出巡，吩咐屬下必須準備好豪華車馬與儀仗陣隊，後來卻突然改變主意，取消了出巡事宜。

魏徵問他是何緣故，唐太宗不好意思地說：「唉，我只是想到你一定又要批評我張揚、奢侈，所以取消了這次出巡。」

唐太宗說完，與魏徵兩人四目對視，不禁哈哈大笑起來。

唐太宗並沒有因爲承認錯誤而損害了自己的威信，相反的，卻使他成爲流芳千古的曠世明君。在他主政之下，出現了中國歷史上極少有的太平盛世——貞觀之治。

像唐太宗這樣位高權重的帝王都能虛心檢討自己，一個人做到「該認錯時就認錯」，又算得了什麼苛求呢？

厚黑智典

美國作家愛默生說：「生活最妙之事是交談，最大的如意之事正是人們之間的推心置腹或心領神會。」

從別人感興趣的話題開始談起

人生活在這個世界上，生理、心理上都有各式各樣的需要，應當盡可能從某一方面去滿足對方的需要，同時也盡可能滿足自己的需要。

日本作家桐田尚作曾經寫道：「要建立良好的人際關係，要先多了解每一個人所秉持的主觀信條和所屬環境，如此才能切入他的思想領域，和他進行更密切的溝通和良好的互動。」

平常，我們在與人交談的時候，最好選擇那些容易引起別人興趣的話題，而那些不吸引人的話題最好少談，這樣才能使交談深入下去。

每個人都有自己的情況，諸如地位、素養、身份、職務、興趣、氣質、性格、習慣、經歷……等，都各不相同，因而決定了每個人選擇話題的不同標準和需要。比如，老年人喜歡議論過去，年輕人偏重於憧憬未來，男人熱衷競爭、比賽、時事等話題，婦女則對時間、感情、家庭之類的話題感興趣，這些都說明了話題的選擇要根據談話對象而定。

一個話題，只有讓對方感興趣，會話才有繼續進行的可能。如果只是從自己的興趣出發，難免使別人感到索然無味。

人生活在這個世界上，生理、心理上都有各式各樣的需要，應當盡可能從某一方面去滿足對方的需要，並以此爲前提，同時也盡可能滿足自己的需要。

美國女記者芭芭拉．華特初遇世界船王兼航空業巨頭歐納西斯時，他正與同行們熱烈討論著貨運價格、航線、新的空運構想等問題，芭芭拉始終插不上一句話。

在共進午餐時，芭芭拉靈機一動，趁大家談論業務中的短暫間隙，趕緊提問：「歐納西斯先生，你不僅在海運和空運方面，甚至在其他工業方面都獲得了偉大成就，這眞是令人震驚。你是怎樣開始的？起初的職業是什麼？」

這個話題叩動了奧納西斯的心弦，使他撇開其他人，同芭芭拉侃侃而談，動情地回溯了自己的奮鬥史。

這就是一個好話題的威力，它激發了對方的榮譽感和成就感。

可見，一個話題如果能在某個方面滿足對方的需要，就能促使對方侃侃而談，也同時滿足了談話者的需要。

厚黑智典

麥金利說：「棍棒和石塊會使皮肉痛苦，懷著怨恨的言詞則可以把人螫傷。」

如何看懂別人的行為語言？

人是世界上最複雜的動物，要想從外表的言行對一個人獲得真正的了解，是一門艱深的學問。

英國有句諺語說：「最乾淨的手套，往往掩藏著一雙最骯髒的手。」

這句話提醒我們，不能單單靠著表面現象就去評斷事物，更不能據此去論斷一個人的性情和性格。

要了解一個人的脾氣和性格，應該從研究別人的情緒反應著手。要測知別人的反應，必須懂得一個察看反應情緒的臉部變化和身體動作——即爲行爲語言。

注意他的一切姿勢，他的語調的改變，以及他的音調聲色的改變！注意他四肢的動作，他眼睛的神色，同時注意他的一切表情！

如果你把握住了這些線索，還是看不出對方的全部個性。那麼，還需進一步做些什麼觀察呢？

你要猜度對方的心理，是什麼東西讓他覺得可怕，什麼東西使他憤怒，什麼環境使他覺得很愉快。

其次，是什麼事情會引起他的自得，什麼東西才能吸引他的全部注意力。

只要把上面這些問題試著記熟，照著去觀察對方，必然可以發現和認識得更多。

假如找不到一個實驗的環境，你不妨自己創造一個新的環境，或是提幾個與實驗相關的問題。

例如你讚賞他幾句，挑撥他幾句，譏笑他幾句，故意斥責他幾聲，然後觀察他的動作和面部表情如何，他情緒的泉源潛伏在何處。

隨時注意他反應出來的表情和語句，其中含有什麼樣的意向。這樣，你對他自然會有更深刻的認識。

科學的看相，自然是識人察人應當學會的重要本領，尤其在選擇人才的時候，切不可輕視這門學問。身爲一個領導者，你對人認識得越清，就越能保證選到公司所需要的眞正的人才。

當然，人是世界上最複雜的動物，要想從外表的言行對一個人獲得眞正的了解，是一門艱深的學問，需要在實踐的具體操作中反覆的實驗、學習、總結。

厚黑智典

比徹說：「言談粗暴，那是一種不必要的招怨之道，聰明的人在言談之間，要時時帶著和氣。」

PART 8

你的情義
只是別人的工具

一旦被情義這頂大帽子套牢，
就會被別人牽著鼻子走，
失去了自我，
這樣的情義只是一廂情願的自我折磨，
又有什麼價值和意義？

別讓自己成了別人的踏腳石

一旦太過單純或是過度相信別人，便會經常被人所利用，甚至老是成為別人邁向成功的踏腳石。

在道德與不道德之間，我們會看見，好的動機不一定有好的結果，好的結果也不一定就是好的動機所致，甚至關於我們熟知的道德性觀點，也會因爲生死存亡而見仁見智，爲了生存競爭，連行爲標準都會視時代的需求與當下的觀念而改變。

不過，其中有一項爲人處世的準則卻從未改變，那便是：「害人之心不可有，防人之心不可無。」

名作家魯迅曾說：「你身邊的人可能不太關心英國某名人的偷情事件，但是，他們卻絕對很關心，關於自己周圍的友朋們與誰幽會。」

換句話說，眞正會讓你成爲衆矢之的或陷入險境的人，不會是那些與你擦肩而過的陌生人，而是你的周遭朋友；許多你保密到家的話語之所以會洩漏，往往出自於天天陪伴在你左右的「知心好友」。

說到小人，每個人無不恨得牙癢癢的，然而，不管我們如何厭惡，卻老是會遇見這樣的小人，甚至不自覺地爲他賣命。

因爲，小人們很懂得捉住我們的心理，相反的，我們卻總是看不透對方的別有居心，因而吃虧上當，甚至傾家蕩產。

面對小人，有人主張以德報怨，更有人以爲，可以用自己的善良與正直去感化對方，並讓小人們及時回頭。

這類一廂情願的相信，是讓許多人拼了命工作卻無法升遷的主因，其中問題的關鍵，正是因爲他們無法辨識對方的別有居心。

那麼，要怎麼解決這樣的問題？

我們當然不需要跟著當小人，只要我們看得懂小人們的卑劣行爲，就能夠有效防範，不至於成了別人的跳板！

那些缺德的小人就好比是一枚枚地雷，隨時都會把我們炸傷。不過，只要我們學會了辨識，自然就像獲得了一架探雷器，生活中不僅能保護自己，在工作上，更能讓自己不會再拼了命付出，功勞卻永遠都是別人的。

莎士比亞曾經在他的著作裡提醒我們說：「一個人可以儘管滿臉都是笑，骨子裡卻是殺人的奸賊。」

的確，充滿競爭壓力的生活，有時是相當現實殘酷的。

殊不見，在我們的生活周遭，有些人爲了達到自己的目的，往往會在臉上戴著菩薩的面具，但在骨子裡卻幹出魔鬼的勾當，不可不加以提防。

在這個爾虞我詐的社會，不管是在商場上、工作上，還是一般社會上的交往，一旦心思太過單純或是過度相信別人，便會經常被人利用，甚至老是成爲別人邁向成功的踏腳石和犧牲品。

做人當然應該光明磊落，行事也應當坦坦蕩蕩，然而，無論我們追求著怎樣的正直人生，別忘了有心人士正在暗處對你覬覦著。

因此，就算我們不想做出害人之事，也要懂得保護自己，不要一再誤入有心人的陷阱，致使自己難有成功出頭的一天。

厚黑智典

我的成功之道只有一條，那就是伸手去收割旁人替我播種的莊稼而已。

——德國思想家歌德

忍讓，是為了主宰自己的人生方向

只要我們能「忍」與「等」，不在無關緊要的小事上浪費精力，慎選出擊的最佳時機，成功便已然抓在我們的手中。

所謂的生存智謀，往往只需要一個「忍」字訣。

爲了表現自己，多數人總是急躁地展露自己的才華，卻也經常忽略了，因爲太過急躁的表現，往往也讓自己的缺點暴露無遺。

戰國時代的名士毛遂投效在戰國四公子之一的平原君門下，平時從不露出聲色，直到平原君要到楚國求救之際，他這才挺身而出，想要發揮所長。

然而，當時平原君感到猶豫，曾質疑道：「士人處在世上，如錐子裝在麻袋中，尖子很快就會顯露出來，但是你在我門下那麼多年了，爲何我從未聽說您的大名，該不會是資質平庸？」

毛遂不以爲意，笑著回應說：「非也，倘若將我裝在囊中，那麼，露出來的恐怕不只是尖子而已。」

後來，事實也證明，毛遂自薦在於充分相信自己的能力，這不僅是他見機行事的處事技巧，更是他一舉成名的關鍵所在。

忍耐是爲了磨練自己，也是爲了等待最好的出擊時機。在「忍」字背後，其實都是一些「吃小虧佔大便宜」的求勝策略，所謂的「秘而不露」，正是老謀深算的聰明人最常發揮的智慧。

何時應該含光混世，何時應該鋒芒畢露，無疑是一門大學問。

其實，不同的事物都有其不同的特點，即使是在相同的事物上，不同的時代也會有不同審核角度與不同的結論。

至於人生的道路要怎麼走，要在什麼時候破囊而出，就有賴生活在當下的你，能做出聰明的選擇，在生命需要轉彎處，讓自己能找到出口，成功地生存下去。

爲了生存和競爭，每個人都會有一套爲人處世的生活技巧，而「忍」字，則是多數成功者的基礎，所以他們總是懂得取捨，展現出「小不忍則亂大謀」的精髓，或是「退一步海闊天空」的謀略。

忍讓不是畏懼或退縮，而是堅定地主宰自己的人生方向。

其實，成功的定義正是一種「等待最佳時機」戰略，千萬要記住：「世上計謀萬千條，只有藏秘不露是高招」，於是只要我們能「忍」與「等」，不在無關緊要的小事上浪費精力，愼選出擊的最佳時機，成功便已然抓在我們的手中。

厚黑智典

你若是想贏得一個人的心，那麼就必須在他最困難的時候給予幫助。

——伊索

你的情義只是別人的工具

一旦被情義這頂大帽子套牢，就會被別人牽著鼻子走，失去了自我，這樣的情義只是一廂情願的自我折磨，又有什麼價值和意義？

美國作家愛默生曾寫道：「人生是個雙面舞台，看看哪，那些扮演英雄的人，總是費盡心機地，將自己小人的那一面遮掩起來。」

的確，在這個「詐者爲王，被詐者爲寇的」的人性叢林裡，野狼披上了人皮，是爲了遮掩自己是禽獸的事實，魔鬼爲了讓人相信自己是上帝，有時候也會引用《聖經》來爲自己背書。

所謂的「義氣」其實是一種負擔，從古代到今天，我們可以發現好講仁義的人最終表現出來的，往往只是沒頭沒腦的匹夫之勇，也讓仁義的崇高價值一落千丈。

而且，最容易被利用的也是「義氣」二字，不少人經常爲了這兩個字付出慘痛代價，彷彿做人一定得有情有義才不算枉走人生一遭似的，也因此，「仁義」經常被人們誤用，讓好事變成了壞事。

「桃園三結義」是傳頌了幾千年的美談，但是，在誇讚關羽、張飛的義氣之時，我們也見識到劉備表面上雖然大談忠孝仁義，但是他肚子裡的計謀，其實一點也不亞於其他的厚黑之士啊！

對許多人來說，所謂的忠孝仁義，只是一層美化眞實意圖的糖衣。

隋文帝楊堅統一中國後不久，戰功彪炳的楊廣展開奪嫡活動。

當時的嫡長子楊勇是個大化而化之的公子哥，行爲上總是不拘小節，表現出自己的眞性情，沒有矯飾和僞裝，至於楊廣則與他完全相反。

懂得隱藏自己的楊廣，看見兄長如此放浪行骸，完全不懂得收斂，便清楚知道這是他取代皇太子之位的絕佳機會，於是處心積慮地展開佈局。

擅長捉住人心的楊廣，發現獨孤皇后最討厭男人有姬妾的心態，便大做表面文章，獨尊妻子蕭妃一人，這讓獨孤皇后十分高興。此外，為了迎合隨文帝的品味，他家中的擺設也十分樸實，再加上他的文采不錯，待人又表現得謙虛有禮，因此而深得滿朝文武的讚賞。

雖然這一切都是偽裝出來的，然而他成功地經營出來的形象與人際關係，無論如何都是不爭的事實，如此標準的領袖形象，自然是深受群臣的擁戴。

當時機成熟時，楊廣終於露出真實面目，雖然朝臣這時才發現他的狼子野心，然而此時政權已操經控在他的手中了，無人能和他對抗。

世事萬物都是一體兩面，是相對的，而不是絕對的，用對地方才有意義，所謂的「講義氣」也是相同的道理。

做人當然要講求情義，才能讓情義成為人生的助力，但是，一旦被情義這頂大帽子套牢，就會被別人牽著鼻子走，失去了自我的行事準則，這樣的情義只是一廂情願的自我折磨，又有什麼價值和意義？

或許，你自認「有情有義」，但看在有心人的眼裡，你卻成了「呼之則來，揮之則去」的工具，看在旁觀者的眼裡，你只不過是個墮入形式主義的愚人，根本不值一提。

情義的拿捏就在我們的手中，情義的標準也只存在於我們的心中，怎樣才是眞正的有情有義，只在乎我們的一心。

厚黑智典

儘管說得天花亂墜、娓娓動聽，但協定的雙方都心知肚明，彼此的誓約並不可信，因為這種誓約就像貓頭鷹或蝙蝠一樣，見不得陽光。

——褚威格

天真過頭，小心大難臨頭

在「物以類聚」的社會價值觀念和行為模式中，我們太容易把和自己親近的人，當作知心好友或志同道合的同類，而忽略了人性的狡猾詭詐。

爲何常見好人不長命，禍害遺千年？

只因爲，好人通常都是不分青紅皀白的渾人，或是天眞過頭的愚人，心思總是過份單純，總是執拗地相信「人性本善」，而忽略了人性「虛僞」的本質。

有句古語說：「君子無罪，懷璧其罪。」

意思是說，即使是心胸坦蕩沒有犯下任何過錯的人，也會因爲曝露了懷中的那塊價值連城的美玉，而遭到別人陷害。

這句話警惕我們，即使對人性的觀感是光明、正面的，但與人相處之時，保持一定的距離仍然是有需要的，因爲意外總是發生在你的預料之外。

像當年武則天爲了剷除異己，大倡告密之風，許多人無不是在最親信的人手中喪命，當時朝野上下告密成風，不少人爲了謀奪權勢名位而不惜出賣別人，諸多荒唐故事也不斷發生，冤獄也因此而大興。然而，被出賣的那些人，如果有一點防人之心，不把告密者視爲知心好友，透露自己的心思和秘密，又怎麼會被出賣呢？

即使歷史的教訓歷歷在目，這類告密事件仍然層出不窮，像宋代元祐黨案、明末東林黨案及清代各起文字獄，都是因爲當事人太過相信他人，喜歡談東論西，大刺刺曝露自己的心思所致。

其中最典型的例子是，寫過《風箏誤》、《燕子箋》等戲曲的阮大鋮，早先想依附東林直士左光斗，好發議論而又頭腦簡單的東林人士因爲相信他的文德，而對他深信不疑，但沒想到，他後來卻疑心東林人士會自己不利，轉而投靠魏忠賢，最後更獻上《百官圖》，欲置東林群賢於死地。

從諸如此類的故事中，也許有人要嘆口氣道：「怎麼好人總是沒好報，壞人卻能享受榮華富貴？」

這是因爲，在「物以類聚」的社會價值觀念和行爲模式中，我們太容易把和自己親近的人，當作知心好友或志同道合的同類，而忽略了人性的狡猾詭詐。

其實，不管我們怎樣問心無愧，都要慎選交往對象，也要有防人之心，因爲隨口議論他人或說出自己的秘密，我們的言談也隨時都會不脛而走，而說出口的話要想收回，可不件容易的事啊！

所以，生活中每個人都要有防範意識，或許你認爲「人性本善」，然而人性是多元且易變的，這是人人都無法否定的事實，世界雖然美好，然而危機卻也經常蟄伏在我們的周遭，能夠多一點警覺，對我們絕對有利而無害。

厚黑智典

適度地暴露自己的缺點，有時並非壞事，對於討價還價來說，這一點反而重要，對方可能因為誤判情勢，做出有利於你的決定。

——拉羅什富科

拍馬屁是人際關係的潤滑劑

只要沒有不良動機，就算是拍馬屁，從正面的角度解讀，也不過是放大對方的優點，何必表現得扭扭捏捏呢？

愛聽好聽的話是人之常情，也是人生的一大弱點，畢竟沒有人會拒絕被肯定的機會，因此社會上也充滿了逢迎拍馬之徒。

遇到有人拍馬屁、獻殷勤，或許我們經常會聽到有人不以爲然說：「眞看不慣那些拍馬屁的奴才。」

但是，這些人以不屑的口氣說出心中不滿的同時，在他們的心中是否也感歎地認爲，「只有這樣的人才能在社會上生存」？

曾經有個很討厭被人奉承的老先生，在他教導的學生當中，有一位即將到縣城當差，臨行前，這位學生前來拜別老師。

老師問他：「此行有何準備，打算如何大展身手？」

學生回答：「我已經準備好了一百零一頂高帽子。」

平常表現得剛正不阿的老師聽了十分不悅，這個學生當然知道老師的個性，連忙見風轉舵，接著又說：「老師啊！您不能怪我，這個世界上像您這樣剛正不阿、不喜歡聽奉承話的人，能有幾位呢？」

老師聽罷笑著說：「這倒也是！」

之後，這位學生則對別人說：「嗯，我的高帽子已經送出去了一頂。」

非常有意思的一個小事例，卻也說明了：「好聽的話人人愛聽！」

輕鬆地看待生活，簡單地看待做人處事之道，想讓生活或工作平坦順暢，「說好聽話」的處事技巧不妨多學一點。

不必太過執著於直線思考，只要能達成自己想要的目標，能把事情圓滿達成，偶爾讓生活多繞幾個彎又何妨呢？

其實，講好聽的話不一定就是拍馬屁，只要沒有不良動機，它就會是人際關係的最佳潤滑劑。就算是拍馬屁，從正面的角度解讀，也不過是放大對方的優點，何必表現得扭扭捏捏呢？

拿破崙曾說：「不想當元帥的士兵不是好士兵。」

因爲企圖心，我們運用了僞裝與美言，只要不踰越人生價值的界限，不過分僞態，這些增進人際關係的技巧與方式原本就可以多元應用。

相同的，在工作場合順著上司的意思，並不是一味地迎合，而是從讚美中慢慢地獲得肯定與信任，也慢慢地得到發言與伸展的空間。

厚黑智典

刻毒的壞人，比那些表面合意的朋友，對人更有用處，因為前者說的常常是實話，而後者從來不會講實話。

——西塞羅

要送禮，先摸清對方的習性

世上沒有不吃腥的貓，也沒有不吃肉的老虎，更沒有不喜歡禮物的人，只不過每個人的好惡不同，送禮之前必須先摸清對方的習性。

一個人內心深處的盼望與眞實目的，儘管經常與所說的南轅北轍，但是，一定會不經意地透過肢體動作表現出來。

這是因爲，人們心裡最想說的話，倘使無法直截了當說出來，便會下意識地藉由各種小動作來暗示，希望別人怎樣，或不希望別怎樣。

從一個人的肢體語言，我們可以迅速研判出對方的眞實意圖；具有這種觀察能力，在人際關係中就可以無往不利，也不會做出誤解對方意思的行爲。

送禮是表達善意的一種方式，可以增進彼此的情誼，或是改善彼此的關係。送禮還要送得巧，不然拍馬屁反拍到了馬蹄，恐怕要被反踢一腳。

民國年間，軍閥吳佩孚坐鎮洛陽，儼然成了高高在上的河南王，原來不可一世的督軍張福來成了受氣媳婦，在吳佩孚面前連大氣也不敢出。

不久，吳佩孚五十歲生日，原本想借壽宴的機會，張揚自己的政治影響力，不過爲了沽名釣譽，他特意在報上刊登啓事，三令五申要「謝絕拜壽」。

大家明瞭，吳佩孚五十大壽最想要的禮物就是「名」，因此樂得輕鬆。然而，自作聰明的張福來卻想：「別人不去祝壽倒還可以，可我這個在吳大帥眼皮底下當官的，可是與別人不同，受氣媳婦不給婆婆拜壽，恐怕將來吃不完兜著走。」

於是，他帶人抬了厚禮進吳府拜謁，恭恭敬敬地施禮：「特來恭祝大帥大壽！」

吳佩孚一看他不識好歹，竟然來破壞自己的「清譽」，當然沒有好臉色，滿臉不高興地說：「你沒看見我的啓事嗎？你既然有閒工夫來拜壽，爲什麼不多抽點時間好好地管教你的兄弟？」

自討沒趣的張福來，再次碰了個大釘子，羞得汗流滿面，轉身便離開了。

回到家後，他還搞不清楚狀況，大聲對著部屬咆哮著：「大帥一點也不給我面子，我再也不幹了！」

禮多人不怪，但是萬一送錯了禮數，那麼不僅壞了自己的形象，更有可能因爲這個多餘的舉動，而毀了自己一輩子的前程，就像故事中的張福來一般，完全捉不準巴結的時機，那麼不如不要巴結奉承。

世上沒有不吃腥的貓，也沒有不吃肉的老虎，更沒有不喜歡禮物的人，只不過每個人的好惡不同，送禮之前必須先摸清對方的習性。

其實，只要深入探討人性心理，就會發現不論在官場上還是一般職場，沒有人不希望能與掌握升遷大權的人親近，畢竟那是升官發財最佳途徑。

然而，巴結的文化要如何拿捏？送禮要如何送到恰到好處呢？

李宗吾在《厚黑學》中對此有過精闢的論述：「送，即是送東西，分大小兩種。大送，把鈔票一包一包地拿去送；小送，如春茶火肘或請吃館子之類。所送的人又分兩種：一是操用捨之權者；二是未操用捨之權，而能予我以助力者。」

不過，這只是彰顯看得到的物質層次，人在擁有一定程度的權勢富貴之後，就會像吳佩孚一樣，轉而追求名聲。

所以，在這個普遍存在的送禮文化中，我們只要能摸清對方的習性，對於禮數也擬出一套標準，那麼我們才不至於老是自討沒趣。

厚黑智典

如何讓別人的鐮刀心甘情願地割在你的麥穗上，是成功者必須具備的條件之一。

——古羅馬作家賀拉斯

投其所好是人際交往的手段

當你想要獲得某項重要助力，或是想擠入某個團體，成為成員中的核心份子，首要「善於察言觀色」，進而「投其所好」。

心理學家認爲，當人們的意見、觀點、行爲模式一致時，彼此就會相互肯定、相互吸引，反之就會相互否定、相互排斥，因此，想要接近某些重要人士，或是尋找自己往上爬的階梯時，一定要懂得投其所好。

史上著名的大太監李蓮英，自進宮後便從不放棄任何一個巴結上頭的機會。

在一個偶然的機會，他得知西宮的懿貴妃常因梳頭的事而鞭打宮女們，李蓮英心想：「機會來了！」

於是，他悄悄地跑進妓院，觀察著妓女的各種新穎、時髦的髮式，偷學梳頭的技術。經過一番勤學苦練，他便向老太監沈蘭玉請求，讓他到貴妃宮裡服侍。

沈蘭玉起先不肯，但經不住李蓮英再三請求，只好向懿貴妃提及此事，懿貴妃見有人自薦要爲她梳頭，當然喜不自禁，立即答應了這個請求。

走進懿貴妃房門開始，聰明的李蓮英便在彼此問答之際聽出了貴妃的需求，經過一番相處後，李蓮英可說是完全拿住了貴妃的心。

貴妃看著多樣的梳頭款式，十分高興，不由得拍手誇獎說：「小李子，可眞有你的，留下來吧！好好爲咱家梳頭！」

看見懿貴妃的笑容，李蓮英也放下了他的心頭石。

於是，憑著他的巧妙心思，不久他便被提升爲御前近侍，李蓮英當上了梳頭太監之後，更能經常察言觀色，很快地他便把慈禧太后的好惡全都摸透了。

在日常生活中，他幾乎未等慈禧開口，便爲她準備得妥妥當當，因此慈禧太后對他可是非常寵愛，甚至一刻也離不開他。

然而，聰明的李蓮英也深知「伴君如伴虎」的道理，即使穩坐一人之下萬人之上的大位，他仍然小心翼翼。

有一次，慈禧太后要到恭親王府邸，路經李蓮英府第之時，看見大門上貼著「總管李寓」四個大字，慈禧側過臉去瞅了好長時間，這個小動作當然沒有逃過李蓮英的眼睛，心知大事不妙。

來到恭親王府時，李蓮英便向慈禧告了一會兒假，隨即急如星火地趕回家中，揭去大門上的「總管李寓」門帖。

然後又一陣風似地趕回慈禧身邊，跪下稟道：「奴才在宮中當差很少回家，沒想到那些小太監不懂規矩，竟然在奴才家的大門口貼上總管的字樣，剛才奴才發現了，立即請假回家，把總管的門帖揭下，並把那個混帳的小太監打了一頓板子，送交內務府嚴辦，以警效尤！」

慈禧一聽，不由得笑出了聲，說道：「這點小事不必交內務府了。」

人是群居的動物，最常見到的行爲模式就是「物以類聚」，或是「臭味相投」。

所以，當你想要獲得某項重要助力，或是想擠入某個團體，成爲成員中的核心份子，首要「善於察言觀色」，進而「投其所好」。

在日常生活中，我們不必總是將「投其所好」視爲一種貶義，因爲人本來就是互相影響的，仔細想想，日常生活中我們不就頻頻對與自己交往密切的人示好嗎？因此，對自己想結交的人士偶曲意逢迎，不僅是一種人際交往的重要藝術，更是踏入夢想天堂的重要管道。

如果我們平時就詳加觀察周遭人物的肢體動作，相信久而久之就能揣測出他們最眞實的心理狀態。

懂得運用身體語言的概念，來洞悉別人內心深處所隱藏著的意志和感情，將有助於我們更加了解人性，幫助自己更上一層樓。

厚黑智典

如果你能夠把諂媚的花言巧語讓人聽起來變成坦率懇切的苦口良言，那麼你就離成功不遠了。

——喬叟

主動爭取才能見到生機

機運始在掌握在我們的手裡，善用者生機，不善用者殺機，生活的得意或失意與未來的成功或失敗，全靠自己行動

許多宿命論者總是把自己的失敗歸咎於命運，其實開口閉口都是命運的人，根本不了解命運的眞正意義。

機運始終掌握在我們的手裡，沒有人會永遠處在劣勢之中，更沒有人永遠都走霉運，我們的命運全看自己如何去行動。

有一次宦官趙高犯法，秦始皇命令名將蒙恬之弟、上卿蒙毅論處。蒙毅依法辦事，削了趙高的官職並處以死刑，若非秦始皇姑念趙高辦事認眞，親自下詔赦免，

趙高早就一命嗚呼了。

因此，每當趙高一想到蒙氏兄弟，便在心中盤算著要如何除掉他們。後來秦始皇出巡染病，立下了遺詔時，終於讓他想出了一個除掉蒙氏兄弟的方法。

趁著遺詔尚未發出之前，他決定串通胡亥與李斯僞造一份詔書，因爲只要殺了扶蘇和蒙恬，擁立胡亥繼位，那麼他不僅握住了胡亥的把柄，自己的地位也自然穩固了。

於是，趙高來到胡亥耳邊挑撥：「公子，皇上的這份遺詔，只有您、丞相李斯和我知道，我們只要將詔書略加修改，天下就是您的了。」

胡亥聽了這番話大吃一驚：「廢長立幼是不義，不尊父命是不孝，靠別人的計謀成功是無能，我自己恐怕也不會有好結果。」

然而，趙高見胡亥如此怯懦，便自信滿滿地說：「怎麼會呢？這種事情史上多著，商湯、周武殺了他們的國君，天下卻讚頌他們的仁義，並沒有人說他們不忠。衛國的國君殺了自己的父親，而衛國人還讚揚他有道德呢！做大事不能拘泥小節，在這關鍵時刻顧小而忘大，將來就後悔莫及了。」

胡亥說：「但這事怎好對丞相去說呢？」

老奸巨猾的趙高一聽，知道胡亥心意已經動搖了，便對他說：「丞相方面就由我去辦，這您放心！」

於是，趙高立即前去說服李斯：「皇上駕崩前賜給長公子扶蘇一道詔書，命他到咸陽參加葬禮並繼承皇位，這事只有您和我、公子胡亥知道。現在這份詔書尚未發出，而且皇帝的玉璽和詔書都在公子胡亥手中，想要擁立誰繼承皇位，就在您和我一句話了，您看，這事怎麼辦好呢？」

李斯回答道：「這可不是我們當臣子可以議論的事啊！」

趙高說：「請丞相自己估量一下吧，論才能您比得上蒙恬嗎？論功勞您比得上蒙恬嗎？論與長公子扶蘇的關係和扶蘇的信賴程度，您比得上蒙恬嗎？」

趙高一連串的問話，使得想繼續掌權的李斯相當不自在，無可奈何地回答道：「的確，我都比不上。」

但李斯仍然反對道：「違背天意是不能長久的，將來恐怕招來滅族之禍，連祖宗都沒有人祭禮。我李斯是個正經人，絕不不能做那種事。」

趙高看到李斯不願意的樣子，便說：「丞相！老實告訴你吧，公子胡亥已經同意這樣辦了，您還怕什麼？再說，您同意，得這麼辦；不同意，也得這麼辦。」

趙高的這幾句話帶點威嚇的話，果然奏效，李斯心想：「原來他們早預謀好了，如果不答應，我恐怕難逃一死吧！」

於是，李斯只得點頭答應：「唉，只好遵照公子胡亥和您的意思去辦了。」

其實，社會上諸如此類的詭計到處都是，利用人心弱點所設下的種種陷阱和騙術，更是五花八門。

因此，懂得洞悉別人內心深處所隱藏著的意志和感情，將有助於我們更加了解人性，提防自己在人性叢林中受騙上當。

以歷史正義的角度來看趙高，趙高的行爲當然並不光明，然而從求生本能與積極進取的角度上來看，他絕對是個成功的求生者。

應用於生活和職場人際關係之中，我們當然無須像趙高一般，以挑撥與設計陷阱他人的方式，來獲得自己的生存空間，但要如何才能絕處逢生，使自己從劣勢中力挽狂瀾，趙高的本領卻是我們可以學習的。

畢竟，機運始在掌握在我們的手裡，善用者生機，不善用者殺機，生活的得意或失意與未來的成功或失敗，全靠自己行動，生活是否能看得見陽光，也只有我們自己主動爭取，才能看得見轉機，不是嗎？

厚黑智典

做人厚道的人，雖然最受歡迎，但也最容易被欺騙。做事厚黑的人，雖然最受厭惡，但卻最不容易吃虧。

——羅傑斯

在混亂中看見自己的機會

混亂代表著有機可乘。越混亂的情況，越是我們表現大將之風的時候，畢竟能臨危不亂的人，才能冷靜思考，也才能表現應變能力

混亂，往往是成敗的關鍵，也是對一個人的嚴厲考驗。通得過考驗才能亂中取勝，通不過考驗，只有遭到淘汰。能臨危不亂的人，任何事務在其手中，多數也必定能輕鬆解決。

齊景公的身體逐漸衰弱之後，諸位王公貴族大臣名門都擔心，齊景公會立最年幼的公子荼爲太子，因爲齊景公非常寵愛公子荼的母親，雖然她出身低微。

齊景公年紀老了，但對於太子之事他卻相當執著，儘管許多人放出反對的風聲，

但齊景公最終還是立公子荼爲太子。

不久，齊景公去世，公子荼也登上王位，是爲晏孺子。

然而，這時有個名叫田乞的大臣發現，許多老臣其實一點也不心服，所以他刻意巴結國惠子和高昭子這兩位輔佐大臣，伺機對他們說：「雖然您們機獲得君王的信任，但許多大臣們對於君王並不從，正在圖謀反叛，您們一定要小心才是。」

田乞是個口蜜腹劍之徒，他一轉身便又鼓動其他王公貴族起來反叛。他對大夫們說：「高昭子這個人眞是太可怕了，讓他掌握大權，我們哪還有活路啊！大家與其坐著等死，還不如趁高昭子還沒來出手，我們先下手爲強。」

就這樣，田乞很快就獲得了諸位大夫的擁護，經過充分的準備之後，一場宮廷政變就這樣發生了，高昭子被殺了，國惠子則逃到莒國，連晏孺子也被殺了。

只見最終掌權者，竟然是田乞！

田乞爲了能更名正言順地掌握齊國的大權，便派人到魯國請回齊公子陽生。

但是，陽生畢竟不是齊景公所立的太子，田乞怕大夫們不肯服從，又會引起亂子，便把陽生先藏在家中，等待適當的時機再讓他登位。

時機差不多了，田乞請來諸位大夫到府中做客，對大臣們說：「今天是我家的祭祀之日，我的妻子已經在家中準備好了菲薄的祭禮，敬請各位賞光。」

當大家正喝得正高興時，田乞令人抬出一個大袋，接著，他對著大袋施禮，然後打開口袋，對眾人大聲喊道：「齊國國君到了，諸位還不趕快行禮！」

眾大夫一看，公子陽生從口袋裡站了起來，這一驚可非同小可。諸大夫慌忙就跪下參拜，田乞順勢要大家盟誓共立陽生為齊國國君。

為了能夠更有力地說服眾大夫，他趁著齊景公時代的重臣鮑牧已經喝醉，就騙大家說，擁立太子陽生的主意是自己與鮑牧兩人共同策劃的。

誰知鮑牧人醉心不醉，一聽田乞以自己的名義欺騙大家，便開口反駁田乞說：「胡說！難道你忘了主公的遺命是立公子荼為齊國國君嗎？」

諸大夫一看鮑牧帶頭反對擁立陽生，許多人也想跟著反悔。陽生一看形勢不妙，為了保住性命，連忙衝向鮑牧，猛地就跪倒在地，說道：「能立我為君就立，不能立也就算了，諸位千萬不要勉強。」

沒想到此舉卻把鮑牧嚇著了，堂堂一位公子竟在眾目睽睽之下跪在自己面前，爲人臣的怎麼擔當得起？

只見鮑牧忽然醒了似地，再藉著醉意說：「唉呀！什麼可以不可以的？都是景公的兒子嘛，誰當國君都可以嘛！」

衆人看到鮑牧表示贊同了，也紛紛地表示擁護，不久，陽生便順利登上王位，也就是後來的齊悼公。

法國思想家拉羅什富科曾說：「在所有的過錯中，我們最容易原諒的，就是為了功成名就所玩弄的心機。」

其實，不論是大人物、小人物，爲了追求眼前的權勢名位，大都能可卑鄙地搞詐，也不願放棄任何一個可以讓自己功成名就的機會。

因爲田乞的狡詐，也因爲齊悼公的處事機警，在這場混亂場面中，讓他們成功地建立了自己的權勢地位。

人生總會遭遇突如其來的變故，很多時候場面越混亂，人就越加慌張，當然也越容易遭到失敗。

所以，場面越混亂，我們越要冷靜鎮定，因爲混亂代表著有機可乘。越混亂的情況，越是我們表現大將之風的時候，畢竟能臨危不亂的人，才能冷靜思考，也才能表現應變能力，讓每件事務在自己手中都能輕鬆解決，完美達成。

就像聰明的齊悼公一般，在混亂的場面中見縫插針，見機退了一步，反而獲得想要的結果。其實，聰明的他一定知道，唯有如此才能讓自己跨進一大步，輕鬆登上王位的寶座。

厚黑智典

想做個好人，並力求誰也不知道他是個好人的，是最虛偽的。

——俄國作家托爾斯泰

PART 9

忍一時之氣
能讓你化險為夷

忍讓的深層意義在於我們
明瞭自己比對方優越許多，
不屑於和那些夜郎自大、
自以為是的小人物糾纏，
浪費自己的精力。

想前進一尺，有時必須先後退一步

日本作家扇谷正造說：「世界上最聰明的人，就是懂得使用聰明人的人，使世界上的知識為自己所用。」

美國作家愛默生說過：「任何限制我們能力的東西，我們稱為『命運』。」

但是，一個成功的人，除了自己要有本事之外，最重要的必須要臉皮夠厚，也就是不要因爲別人的嘲笑和異樣眼光，就放棄原本的目標，如此，才能夠不瞻前顧後，做一個扭轉自己命運的主人。

見人說人話，見鬼說鬼話，是任何成功大人物必備的一項特異功能，因爲，如果他們沒有一個能夠見風轉舵的舌頭，又如何能說出一番動聽的話語，讓別人瞬間軟化立場呢？

美國著名的政治家霍普金斯，從政之前是個優秀的學者，三十歲那年就獲得殊榮，受聘擔任芝加哥大學的校長。

許多資深教授和學校職員對於這項人事案心中相當不滿，紛紛質疑霍普金斯那麼年輕，是不是能勝任大學校長的職位。

霍普金斯明白衆人心中的懷疑和猜忌，也知道自己想更上層樓，就必須化解眼前這些阻力。於是，他在就任典禮上謙虛而且相當感性地對在場與會人員說：「像我這樣一個三十歲的年輕人，所見所聞是那麼淺薄，需要仰賴各位前輩幫忙的地方，實在太多太多了。」

霍普金斯短短的一番話，使那些原來忌妒、懷疑他的人，緊繃的情緒一下子就放鬆了，認爲他是一個虛懷若谷的年輕人，心中的敵意隨即消弭於無形。

日本作家扇谷正造說：「世界上最聰明的人，就是懂得使用聰明人的人，使世界上的知識為自己所用。」

像霍普金斯這樣以退爲進的謀略，一般人很難理解箇中的奧妙，因此大多不願適時地加以採用。許多人遇到了這種情況，往往喜歡表現得自己比別人高明、強大，或者極力想證明自己確實是有特殊才幹的人才，然而，結果往往適得其反，徒然加深雙方的心結。

想要提昇自己的處世競爭力，做人做事一定要講究策略和技巧，如果你臉皮不夠厚，那麼，非但無法達成自己的目的，而且還會陷入各種無法預知的陷阱和圈套，使自己的人生充滿危機……

維爾曾經寫道：「現實中的困難皆可克服，惟獨你礙於面子問題，而不敢去突破的困難無法解決。」

的確，面對外界的阻力，我們往往爲了面子問題而做出錯誤的因應舉動，然而，這不僅無法眞正解決問題，可能還會因此爲自己招來失敗的厄運。

以退讓開始的人，終將以勝利收場，因爲，你可利用言詞的讚美和形式上的尊重，掌握或改變他人的意志；你也可以表面上以他人的利益爲重，實際上則爲自己的利益開闢道路。

爲了向目標前進一尺，有時候就必須先退一寸。

讓步其實只是暫時的迂迴策略，想要避免在現實社會中吃大虧，就不應計較在言詞上或形式上吃點小虧。

如果你能將退讓的策略妥善加以運用，無形之中，你就減少許多敵人，獲得許多助力，達到借力使力的效益。

厚黑智典

最無懈可擊的謊言，通常是在不聲不響時說出來的，而且，這些謊言大都會被人認為是肺腑之言。

——斯蒂文生

清楚看見小人的計謀

為了保有自己的既得利益，工於心計的人比比皆是，所以，在解讀小人的成功技巧之時，我們更要看清其中計謀，用以保護自己。

幽默作家蕭伯納曾說：「當一個人想謀殺一隻老虎時，他會說那是遊戲，但當這隻老虎要殘害他時，他卻說那是殘暴。」

的確，在「伴君如伴虎」的時代，凡是熟諳厚黑權謀的人，為了避免別人對自己的譴責，經常會用美德的外表和漂亮的藉口，來掩蓋自己所犯下的任何錯誤，甚至施展害人的毒計。

古代的皇帝身邊，經常都會有一些心術不正的臣子包圍，他們總是竭盡心力，施展狡詐的手段，將皇帝圈禁於深宮之中，阻斷其他臣子的進諫與發展，堵塞了臣下的進言，使君令不能下達，下情不能上通。

有一天，趙高對秦二世說：「天子之所以崇隆尊貴，就是因為臣下只能聽到天子的聲音，但是不能直接見到天子的面，所以天子自稱為『朕』。先帝在位的時間長，經驗豐富，對群臣也都有所了解，所以群臣不敢在先帝面前胡說，如今陛下年紀尚輕，許多事情還不很熟悉，舉措如有不當，群臣就會立即發現陛下的短處，這有損於天子的神明。所以，今後陛下比較適深居內宮，臣下的奏章送來之後，可以與我或精通法律的近侍商議之後，再由陛下發出詔令，這樣群臣們就不敢胡說，也可使天下都知道陛下的英名，不知陛下意下如何？」

只見秦二世連連點頭，一點也不知道趙高的詭計。

從此，秦二世皇再也不親自出朝會見大臣，只在深宮內院之中與趙高商討政務，然而實際上一切都由趙高決定。

而趙高見自己的陰謀成功，更加大膽地胡作非為。

丞相李斯對秦二世耽於聲色犬馬深表擔憂，多次想勸諫，卻苦於無法接近。

趙高聽到這個消息後大喜過望，因為他早想除去李斯，取而代之，只是苦無機會，因此他對李斯說：「現在，關東地區的『盜賊』如此之多，朝中大臣都急得不得了，但皇帝陛下卻不以為念，不但加徵徭役趕修阿房宮，還豢養大量狗馬以自娛。我本想勸阻他，但地位太低，想必說也無益，而這正是您身為君侯的責任，您難道不想去勸諫一下嗎？」

李斯一聽，連聲稱是：「對，對！我早就想去說一下，但是，如今皇帝根本就不上朝，很難有機會朝見。」

趙高連忙說：「只要您願意規勸皇帝，我可以找一個機會給您。」

李斯高興地說：「這太好了。」

工於心計的趙高，便趁著秦二世正與嬪妃們飲酒作樂時，派人通知李斯面諫。結果，李斯的一番大道理，立即把皇帝惹惱了，而趙高當然把握機會，暗地裡大大地攻擊李斯一番，漸漸地秦二世皇對李斯越來越不信任了。

隻手遮天，是許多奸臣們最常做的事，然而，以俯瞰的角度來看，我們卻也發現，能夠讓他們隻手遮天的幫凶，還包括那些思考呆板僵化的臣子，以及貪圖獲得更多權勢地位的人。他們看不見奸詐小人的別有居心，不斷地斷送自己的未來，以致於讓奸臣們能不斷地把玩朝政。

李斯自認聰明絕頂，以權謀霸術躍爲秦國丞相，更以陰狠的伎倆害死韓非子，但是，最後卻落得腰斬的命運，原因就是被權位名利沖昏了頭，而落入趙高的陷阱。

現實生活中，爲了保有自己的既得利益，工於心計的人比比皆是，所以，在解讀小人的成功技巧之時，我們更要看清其中計謀，用以保護自己。

厚黑智典

禽獸根據本能決定取捨，而人類則通過算計來決定取捨。

——盧梭

學會低頭才不會撞得滿頭包

儘管曲意求寵的故事負面，然而其中追求成功的「堅定意志」和想盡辦法要獲得寵信的積極態度，其實我們是可以拿來運用的。

人人都想飛黃騰達，但是，現實社會中爲什麼有的人成功，有的人卻失敗呢？

其實，有時候成敗的關鍵在於是否找對人、用對方法，只要我們能學會「怎樣向關鍵人物低頭」，丟開華而不實的面子問題，懂得退一步進三步的技巧，成功便在我們的手掌之間。

一天，唐玄宗著人召節度使安祿山來宮，此時楊貴妃和韓國夫人、虢國夫人、秦國夫人也都在場。

安祿山趨步上前對楊貴妃：「兒臣……臣，安祿山拜見貴妃娘娘！」

唐玄宗看了這等模樣，大笑說：「無意吐眞言，那麼朕就成全你的心願，讓你拜貴妃爲親娘吧！」

安祿山受寵若驚，跪在貴妃前說：「孩兒，安祿山祝母妃福體萬壽！」不久，安祿山生日，唐玄宗和貴妃以乾爹娘的身份，特意爲他準備了一份豐厚的生日禮物，第三天，安祿山進宮謝恩，先見唐玄宗之後便去叩見母妃楊娘娘。

安祿山來到楊貴妃宮中，見楊貴妃正微酣半醉之中，便上前跪拜說：「孩兒祿山謝母妃娘娘大恩。」

楊貴妃只聽得「孩兒」、「母妃」的稱呼，再看了看這位大腹便便的北方漢子跪拜的窘態，實在忍不住笑了，便有意戲弄他一番，對他說道：「祿兒，人家養了孩子，按照規矩三朝就得洗兒，今日正好是你出生後的第三天，娘娘我今天要按規矩補行洗兒禮。」

她乘著酒興，喚來內監和宮女，令他們將安祿山的外衣脫下，象徵性地往他身上澆灑幾點水，然後用貴妃的錦繡床單作大襁褓，將安祿山全身包裹住，然後命人把他放在彩車上。

貴妃和韓國、虢國、秦國夫人戲弄安祿山：「祿兒，乖乖，祿兒，乖乖。」

安祿山也裝出孩兒的哭聲，逗得後宮一片喧笑聲。

唐玄宗聽到熱鬧聲，也跑來湊熱鬧，並當著他三位姨姊，拍了拍車上的「嬰兒」。這場戲直鬧到深夜，楊貴妃與唐玄宗興致用盡爲止。

安祿山有時陪楊貴妃同桌歡飲，如果太晚了，楊貴妃還會安排他在宮中宿寢，不久宮中便有人議論他們的關係。

但唐玄宗對此卻不介意，反而覺得自從安祿山來後宮，沉悶的宮闈也比往常活躍多了，貴妃也笑得更美更甜了，自己倒感到樂在其中，根本沒有去想貴妃與安祿山之間有什麼曖昧之事。

當然，這個老孩兒的官運，更是從此一路暢行無礙。

安祿山這樣的迎合當然醜陋，然而我們卻又不能不承認，姿態雖醜，但他終究獲得他所想要的，正因爲如此，歷史上的奸臣繁多，他們的大名總是比忠貞之人更讓人印象深刻，他們的事蹟你我更是熟知，不是嗎？

之所以如此，是因爲他們比一般人有著更明確的目標和更靈活的身段，無論如何都要讓自己飛黃騰達。

儘管安祿山曲意求寵的故事負面，然而其中追求成功的「堅定意志」和想盡辦法要獲得寵信的積極態度，其實我們是可以拿來運用的。

我們當然不必模仿他的人生路，因爲那樣的道路終究是扭曲的，一味跟著走，也只會只會落得悲慘結局，我們只須順著自己的心性發展，學習怎樣在必要的時候向重要人物低頭。

丟開面子的問題，學會退一步進三步的技巧，成功便在我們的手掌之間。

厚黑智典

可以這麼說，幾乎每個奉承者的生存，都是以犧牲被奉承者為代價。

——法國作家拉封丹

忍一時之氣能讓你化險為夷

忍讓的深層意義在於我們明瞭自己比對方優越許多，不屑於和那些夜郎自大、自以為是的小人物糾纏，浪費自己的精力。

「忍」是待人處世的重要觀念，在儒道理論中，「忍」不僅是實現抱負的一種謀略，也是一種柔韌的武器，更是成功者達成目標的成功基石。

當年，秦國在滅掉魏國以後，秦王嬴政聽說魏國貴族張勝、陳餘密謀復國，害怕魏國遺民將死灰復燃，於是，便到處張貼告示，懸賞重金捉拿這兩個人。

張勝、陳餘聽聞這件事時，立即改名換姓，潛逃到陳國去當看門的吏卒，過著忍氣吞聲的日子，靜待復仇時機到來。

然而，他們雖然躲過了秦王的追緝，卻沒能躲過陳國官吏的迫害。

有一天，當地一名小官吏莫名其妙地找他們麻煩，隨便用一個莫須有的罪名，鞭打了陳餘一頓。

面對這樣的羞辱，曾經貴爲皇族地位的陳餘怎麼忍得下這只氣，於是他怒目瞪視，忿忿地急於反撲。

所幸，張勝即時拉住陳餘，並勸陳餘要忍下這口氣，陳餘聽了患難友人的話，只得忍住情緒，任由那個官吏把官威使夠。

這個耀武揚威的小官吏離開後，張勝便對滿臉不悅地對陳餘說：「還記得我們當初的約定嗎？如果你連這種情況都無法忍住了，以後還能談什麼大計劃呢？『小不忍則亂大謀』的道理，你明不明白？」

陳餘聽完了張勝的話，點了點頭！

直到秦末，各地農民起義聲起，他們兩個便趁機起兵發難，也風光了一時。

一個能忍人所不能忍者，其實也必然是個胸懷寬廣的人，像是武則天時期的宰相婁師德，便可說是一位隱忍大家。

當年，他的弟弟奉命任代州刺史時，婁師德便告誡他：「此次前去就職，一定要小心謹慎，處處以忍為上。」

他的弟弟答應道：「好吧！如果有人朝著我吐口水，那我必定不會去計較，並而會默默地擦去，如此總可以了吧。」

婁師德點了點頭，接著補充道：「可以，但是那樣還不算最好的方法。當別人朝著你吐口水時，對方一定是因為恨你，所以才會有此動作，如果你當面拭去，恐怕會引起他更大的仇意，認為你是故意與他作對。所以，我認為，遇到這樣的情況時，最好微笑不動，讓口水自動乾掉，那樣必定能解開他的心中恨意。」

法國文豪巴爾札克曾經寫道：「世界上所有德性高尚的聖人，都能忍受凡人的刻薄和侮辱。」

其實，有時候，那些尖酸刻薄的人，比那些表面迎逢你的人更有用處，因為，他們的言行就是我們自我訓練心性的砥礪。

聽到婁師德這種「唾沫自乾」的建議時，在你心中，是否也燃起了和解人與人之間關係的新觀感呢？

其實，忍讓的深層意義在於我們明瞭自己比對方優越許多，不屑於和那些夜郎自大、自以爲是的小人物糾纏，浪費自己的精力。

堅韌的忍耐精神是意志堅定的表現，更是我們做人處世時的絕佳手法，那不僅能保護我們在人生的道路上都能事事如意，我們更能因爲忍耐二字，讓生活處處充滿轉機與生機。

厚黑智典

當他準備用言語攻擊你之前，通常會先做出一副彬彬有禮的樣子，因為，如此一來你會以為他準備誇你。

——卡羅爾

不要當搞不清楚狀況的菜鳥

印度哲人普列姆昌德說：「世界是一片戰場，在這戰場上，只有洞燭先機的人才能取得勝利。」

千萬別當搞不清楚別人居心的菜鳥。一味地板著臉孔，費盡心思去提防周遭的小人，只會把自己搞得緊張兮兮，徒然折損自己的生命。

如果，我們無可避免地必須面對身邊的小人，那麼，氣定神閒地把主控權操在自己手中，豈不是更好嗎？

美國石油大王洛克菲勒的兒子小洛克菲勒，剛剛踏入商場的時候，就展現出他不同凡響的商業才華。

他的第一樁任務是，前去與銀行家摩根商談出售某座油石事宜。

當他依約踏入摩根的辦公室，摩根不禁露出鄙夷的神情，認爲他只不過是毫無商場經驗的菜鳥，故意表現出自己很忙碌的樣子，連正眼都不瞧他一眼，足足讓他枯坐了一個小時。

小洛克菲勒知道這是摩根準備殺價的慣用伎倆，不以爲意地悠閒坐著。

一個小時後，摩根終於抬起頭面向他，態度高傲地說：「聽說，你父親有一塊油田準備出售，打算賣多少？」

小洛克菲勒回答說：「我想，大概是您弄錯了，就我所知，是您想買這塊土地，而不是我們想賣出。」

說完，小洛克菲勒不再廢話，逕自推門走了出去。

摩根知道自己的伎倆唬不過小洛克菲勒，最後終於依照小洛克菲勒開出的價碼，買下這塊油田，價格比老洛克菲勒預估的多出了三分之一。

印度哲人普列姆昌德曾經說：「世界是一片戰場，在這戰場上，只有洞燭先機的人才能取得勝利。」

小洛克菲勒所展現的以靜制動，是一種高段的勝利策略，因為日常生活中，我們不可能事事爭第一，處處佔上風，因此，更多的時候要面帶善意靜候對方出招，才能從容地見招拆招。

硬碰硬的應對方式，表面上看來是痛快地為自己出了一口氣，但實際上，卻容易讓自己陷入小人精心設計的迷宮中，以致於無法冷靜面對事情的演變。

厚黑智典

一個人能否有成就，只看他是否具備自尊心與自信心兩個條件。

——古希臘哲學家蘇格拉底

如何面對狂妄自大的小人？

英國作家康拉德說：「任何傻瓜都能駕船航行，但唯有聰明的人才知道如何走捷徑。」

日常生活中，我們很難避免地要和一些趾高氣揚的人接觸，如果對方不是自己得罪得起的，那麼，面對驕傲蠻橫的言行，有時就得施展「糊塗戰術」。

英國首相邱吉爾以機智和風趣聞名於世，對付那些狂妄自大的小人，也有一套幽默的行事方法。

二次世界大戰還沒爆發之前，德國和英國還保持著形式上的外交關係。

有一天，德國外交部長李賓特羅甫，派人送了一張請帖給邱吉爾，邀請他在該月二十四日晚上七點前赴德國大使館，出席一項國際宴會。

但是，李賓特羅甫為了貶抑邱吉爾，故意不遵守國際外交禮儀，請帖裡頭寫的不是法文，而是德文。

邱吉爾收到請帖後，知道李賓特羅甫有意藐視英國和自己，心中頗為不悅，於是故意裝糊塗，隨即交代秘書人員用英文回覆說：「二十七日晚上八點，本人必定準時出席這場盛會。」

李賓特羅甫收到這封牛頭不對馬嘴的回函後，哭笑不得，只好乖乖地依照國際外交禮儀，重新補送一張法文請帖給邱吉爾。

英國作家康拉德說過這麼一句話：「任何傻瓜都能駕船航行，但唯有聰明的人才知道如何走捷徑。」

與小人過招，爭吵並不是最好的辦法，必須懂得運用四兩撥千斤的策略，有時，退讓一步便可能出現海闊天空的新景象。

遭遇難纏的對手，如果對方相當蠻橫，實力又比你強大，無法從正面解決問題之時，不妨學習邱吉爾的「糊塗戰術」，採取迂迴策略，讓自己先後退一步，然後再伺機前進兩步，如此才可能戰勝對方。

走在千折百轉的人生旅途也是一樣，身陷山窮水盡的絕境並不可怕，可怕的是自己先慌了心、亂了腳步，一味地狂奔亂竄。因爲，人一旦亂了方寸，縱使走到柳暗花明的轉折處，也無法冷靜走進讓自己的人生豁然開朗的新桃花源。

厚黑智典

當一個人自己缺乏某種美德的時候，他就一定要貶低別人的這種美德，以實現兩者之間的平衡。

——英國思想家培根

尋找皆大歡喜的結局

英國詩人斯溫伯恩曾說：「人們在尖刻的話語和機敏的辯才中摘不到果子，在他們搖撼大樹的根部時，得到的是扎人的刺。」

日本心理學家宮城音彌曾經寫道：「假話是社會生活中不可缺少的，因為，把自己的一切都暴露無疑的人，其人際關係，勢必置於險境。」

因此，即便知道說假話是不對的，但在必要時候，還是要懂得用「假話」來緩和氣氛，千萬別爲了表現「老實」，而引發更多衝突。

第二次世界大戰結束後不久，法國和西班牙邊界上，有一個法國哨兵站崗站得十分無聊，便開始和不遠處的西班牙哨兵抬槓，說著說著，兩人便談論第三次世界大戰什麼時候會爆發。

法國哨兵先問西班牙哨兵：「如果不久之後爆發第三次世界大戰，你認爲蘇聯會先攻打哪個國家？」

西班牙哨兵譏笑說：「當然先攻打法國，因爲法國人最沒有骨氣，最好打了，兩三下就投降了。」

法國哨兵又問：「那照你估計，蘇聯要花多少時間才能攻下法國？」

西班牙哨兵回答說：「照我看，差不多一個禮拜就搞定了。」隨後，他又驕傲地說：「如果蘇聯想攻打我們，那至少得花上一年時間。」

法國士兵逮到機會譏笑說：「不會吧，我想至少得花兩年時間，因爲你們的公路那麼爛，蘇聯軍隊的坦克根本沒辦法走，他們得先花上一年的時間，把你們的那些爛公路修好！」

英國詩人斯溫伯恩曾說：「人們在尖刻的話語和機敏的辯才中摘不到果子，在他們搖撼大樹的根部時，得到的是扎人的刺。」

只要是爭吵，雙方的立場一定都是對立的，尤其是意識型態的爭論。但是，如果把爭論的焦點由擊敗對方，轉向擊敗共同的敵人，那麼雙方就同時能獲得好處，何樂而不爲呢？

譬如說，故事中的法國士兵，既然想和西班牙士兵聊天消磨時間，其實大可不必爲了誰會先被蘇聯攻下而唇槍舌劍，彼此辯得面紅耳赤，倒不如想些鐵幕笑話來消遣共同的敵人蘇聯，不是落得皆大歡喜嗎？

人與人相處也是如此，只要把人際間的衝突看做是能夠解決的，彼此進行良性互動，那麼，就能找到一個創造性的辦法來解決爭端，最終雙方都能得到一個可以接受的結果。

厚黑智典

不尊重別人的自尊心，就像是一顆經不住陽光照射的寶石。

——瑞典化學家諾貝爾

別以為自己沒有「說錯話」

留心對方的忌諱，看起來雖是芝麻細事，實際上卻是影響彼此關係的大事，如果因此而與人結怨而不自知，就真要吃不了兜著走了。

俄國諷刺小說家克雷洛夫在提及說話辦事的技巧時，曾經幽默地說過：「語言就像是一把剃刀，最鋒利的剃刀會幫你把臉刮得最乾淨，不過，你必須做到靈活地運用這把剃刀。」

各地風俗不同，待人接物的禮儀不同，習慣性的用語也不盡相同，因此，與新認識的人交往的時候，說話可要留心，否則一不小心脫口而出，犯了別人的忌諱，即使你表現得再有禮貌，在別人眼中也會成爲無禮之人。

雖然不懂忌諱似乎情有可原，但是，冒犯了別人的禁忌就近乎失禮，在社交上就很難推進友誼。

語言產生的誤會是很傷腦筋的，不可不留神。

在交際活動中，與你交談的對象或許有個人特殊的忌諱，那麼，你就要小心探聽明白，說話時不要觸及他的痛處。

譬如說，對方的親朋好友有過流言蜚語，如果你不知情，當他的面搬出張三李四的風流韻事任意閒談，在對方聽來，很可能以爲你是在嘲諷他，雖然不便當場發作，但心裡必然對你忿恨不已，那以後還有什麼友誼而言？

例如，你交談的對象曾經做過販賣走私貨品、囤積居奇哄抬物價之類的壞事，現在雖然已經洗手不幹，但是倘使你不明底細，當著他的面大罵其他奸商，對方必然會窘迫得恨不得咬你一口。

因此，留心對方的忌諱，在交際活動中看起來雖是芝麻細事，實際上卻是影響彼此關係的大事。

說話犯了忌，就會使別人把你當成不懂禮貌的莽撞之徒，如果因此而與人結怨而不自知，就眞要吃不了兜著走了。

相對的，學會用讚美的語言去溫暖別人的心，讓別人喜歡你，這本身就是交際活動中的禮儀。

當然，讚美要選擇適當的話題，否則，不合時宜地瞎吹亂捧，即使有「理」，也會變得「無禮」了。

厚黑智典

A．格拉瓦說：「愛嘮叨的人所要說給別人聽的話，通常是他們獨處之時自怨自艾的那些話。」

PART 10

抱最好的願望，做最壞的打算

法國作家左拉說：
「愚昧無知不會為人帶來幸福，
幸福的根源在於清楚知道
自己並沒有想像中聰明。」

你只不過是顆馬鈴薯

荷蘭思想家史賓諾莎說：「虛榮心重的人，所欲求的東西，無過於名譽，所畏懼的東西，無過於羞辱。」

美國幽默作家馬克．吐溫曾經這麼說：「罵人靠舌頭，但是罵人不帶髒字，則必須靠智慧。」

的確，最高明的罵人、損人方式，就是適時引用一些哲人說過的話，當你罵了他，他還以爲你在讚美他，當你損了他，他還以爲你在誇獎他。

二十世紀最偉大的激勵大師戴爾．卡耐基，同時也是個著名的演說家，時常在美國各地進行巡迴演講。

有一次，他又應邀前去某個文化團體發表演講，當他到達會場的時候，照例受到相當熱烈的歡迎。

誰知，當天的司儀是一個自命不凡的年輕人，拿起麥克風後，竟然就停不下來，佔用卡耐基的時間，滔滔不絕地誇耀自己的家世淵源，在場的聽眾雖然覺得厭煩，但又不好意思打斷他。

卡耐基等了很久，終於按捺不住，起身說道：「司儀先生，你大談光榮的家世，使我想起大哲學家培根說過的一段話，他說：誇耀自己祖先的那些人，正像馬鈴薯，最有價值的部分是留在地下……」

荷蘭思想家史賓諾莎說：「虛榮心重的人，所欲求的東西，無過於名譽，所畏懼的東西，無過於羞辱。」

不必誇耀你的家世淵源、名聲財富，或者幹過什麼豐功偉績，你是什麼樣的一個人，其實清清楚楚映現在別人的瞳孔裡。

有位智慧家說：「二十歲時你如同孔雀，三十歲時你會作獅子，四十歲時你就如駱駝，五十歲時你好比蛇精，六十歲時你像一隻狗，七十歲時你像猴子，到了八十歲時，就什麼都不是了。」

時間的流轉可以使植物成長，但是不一定會讓每一個沐浴在時光中的人都變得更聰明、更有智慧，更懂得用理性的眼光，去判斷世間錯亂紛雜的是是非非。

人的心智必須隨著時間而成長，才有躍昇到更高境界的可能性，否則，你就會像馬鈴薯，永遠讓生命最有價值的部分，被泥土埋藏在地底下。

厚黑智典

蠢才狂妄自大，他自鳴得意的，正好是受人譏笑的短處，而且往往把應該引以為奇恥大辱的事大吹大擂。

——克雷洛夫

抱最好的願望，做最壞的打算

法國作家左拉說：「愚昧無知不會為人帶來幸福，幸福的根源在於清楚知道自己並沒有想像中聰明。」

美國作家豪說：「在蠻荒的古代，人們用斧頭相鬥，文明人埋掉了斧頭，他們的格鬥，靠的是舌頭。」

其實，在這場用舌頭當武器的人性戰場上，如果，你想向別人「開罵」，不一定要出口成「髒」，有時候，用指桑罵槐的方式反諷，不僅可以爲自己留一步餘地，而且，照樣可以踩到你想罵之人的痛處。

小張最喜歡吹噓獻寶，遇到人就誇耀自己兩歲的兒子有多麼多麼聰明。

有一天，他帶著老婆和兒子去喝喜酒，席間又開始得意洋洋對同桌的朋友吹噓說：「你們知道嗎？我兒子比起同年齡的小孩子，實在聰明太多了，他的腦筋簡直得了我的眞傳……」

一旁的小沈聽這番話已經聽了N次，於是沒等小張把話說完，就不耐煩地接口嘲諷說：「喔，你的意思是不是說，你們一家三口當中，現在只剩你老婆一個人還有一點點腦筋？」

人們通常都自視甚高，認爲自己是絕頂聰明的天才，其他人都是超級大笨蛋，而且，越平庸的人越自以爲是曠世天才，越會炫耀自己的「聰明才智」。

其實，成功和聰不聰明並沒有關聯，重要的關鍵在於能不能細心去看世間萬物，能不能從一些看似「理所當然」的事情中，領悟出和別人不同的觀感。

聞名世界的日本服裝設計師三宅一生，每次到布廠去選擇衣服布料的時候，總是請工人們拿出設計、印染紡織失敗的布料，他則費心從這些「失敗」的布料找尋靈感，裁製出最具獨創與美感的作品。

因此，他的作品總是獨一無二，領導著世界的服裝潮流。

法國作家左拉說：「愚昧無知不會為人帶來幸福，幸福的根源在於清楚知道自己並沒有想像中聰明。」

人不管是對現實環境或是對自己，都要清醒地認識，抱最好的願望，做最壞的打算，如此，才能化腐朽爲神奇，也才能心平氣和地承受生活中的各種打擊。

厚黑智典

你應該比別人聰敏，但是絕不能把自己的聰敏到處向人誇耀。

——吉斯特菲爾

千萬別當睜著眼睛的瞎子

英國有句諺語說：「如果奸人的眼淚有滋生化育的能力，那麼，他的每一滴眼淚都可以孵出一條鱷魚來。」

其實，世間所有的詭計，都是以美麗的假象先行，而使愚癡的人緊隨其後，充分曝露他們的低俗、平庸的本質。人如果不細心辨別、觀察美麗的糖衣裡頭，包藏的究竟是糖果還是毒藥，往往會匆匆地下吞下誘餌。

美人計是外交場合慣用的圈套中的一種，美國前國務卿季辛吉就善長使用此計，藉以收買其他國家的外交人員。

在一次私人聚會中，季辛吉悄悄地將越南總統阮文紹的特別助理黃德雅拉到一旁，然後出示一本黑色手冊，只見手冊上面寫得密密麻麻，記載著許多好萊塢著名女影星的電話和住址。

季辛吉語氣曖昧地對黃德雅說：「如果你願意做我的『朋友』，我可以替你介紹這些女星中的任何一位。」

誰知，黃德雅並非等閒之輩，他也依樣畫葫蘆，從口袋摸出一本厚厚的手冊，然後以同樣的語氣告訴季辛吉：「如果你願意做我的『朋友』，我也可以替你介紹這些女性中的任何一位。」

英國有句諺語說：「如果奸人的眼淚有滋生化育的能力，那麼，他的每一滴眼淚都可以孵出一條鱷魚來。」

美人計不論在政界、商界都是最具殺傷力的陷阱，把持不住的人往往因此掉入桃色的深淵，最後身敗名裂。

這種人看待事物，有時竟連「耳聽爲虛」這樣的道理都不懂，用耳朵代替了眼睛，變成了一個睜著眼睛的瞎子。

學過辯證法的人都知道，分析事物應該一分爲二，過分堅持自己的成見，急忙對某人某事「蓋棺定論」，只能說明你的淺薄。

事物常會因爲觀看的角度不同，而所有不同。所以，絕不能單用一個角度，去取代所有的角度。

平時，我們對自己的所見所聞，應該進行調查、分析，弄清事實的眞相，這樣才能做出正確的評價。

厚黑智典

在小範圍內耍花招的人，隨著權慾的增長，必將玩弄更大的騙局。

——法國作家皮埃爾

何必使盡力氣打倒自己？

英國宗教作家黑爾兄弟說：「匆促的決定，就像氣壓表中的水銀柱突然升高一樣，只是顯示了天氣的變幻不定而已。」

拳擊比賽場曾經發生過一則烏龍笑話。

某次國際比賽中，愛爾蘭拳擊手傑克．多爾一開始就把對手打得七葷八素、暈頭轉向，他認為勝利在望，於是想在觀衆面前秀一下自己的拳技，打算用一記左鉤拳迅速擊倒對方，漂亮地結束這場比賽。

但是，離譜的事發生了，傑克．多爾情急之下，這一拳竟然落空，而且因為用力過猛，打在自己臉上。

結果，傑克．多爾當場不支倒地，裁判哭笑不得之餘，只好判定那位已經搖搖晃晃、不堪一擊的對手獲得勝利。

運動比賽中，類似傑克·多爾這樣的烏龍運動員很多，而且往往挑最關鍵的時候擺烏龍，譬如投錯籃、進錯球門，將眼看就要到手的勝利免費奉送給對手。

現實生活中，像傑克·多爾這種「偉大的失敗者」，也不勝枚數，殊不見，許多人只一味講求快速，最後卻徒勞無功，令人既好氣又好笑。

英國宗教作家黑爾兄弟在《對眞理的猜測》中說：「匆促的決定，就像氣壓表中的水銀柱突然升高一樣，只是顯示了天氣的變幻不定而已。」

經過深思熟慮的決定，雖然耗費時間，但是總比草率的決定來得好；不做任何決定，也強過做出錯誤的決定。

可惜的是，在這個十倍速變化的世代，大多數人都奉行速度至上，經常不問效率如何，往往爲了眼前的蠅頭小利而爭先恐後，寧可一再犯錯也不願三思而行，結果當然適得其反。

如果不立即做決定，並不會帶來不良的後果，那麼，凡是可以緩一緩的決定，就該謹慎評估後再決定。

人必須有耐性，抑制自己的衝動、草率。

厚黑智典

一個人心靈好壞，行動中就能表現來，就像蚊子用嘴吸的血；蜜蜂用嘴釀的蜜。

——哈尼族諺語

小姐，我說的是善意的謊言

莎士比亞在《愛的徒勞》劇作中說：「聰明人一旦變得癡愚，是一條最容易上鉤的魚，因為他憑恃才高學廣，看不見自己的狂妄。」

獲得諾貝爾和平獎殊榮的美國前總統卡特，在競選總統時，有一位愛找碴的女記者看種花生出身的卡特相當不順眼，於是特地去採訪他的母親，想從中找出漏洞狠狠修理他一番。

這個女記者進門後，充滿挑釁地對卡特的母親說：「妳兒子卡特曾經公開說，如果他說過謊話，大家就不要投他的票，妳敢保證卡特從來沒說過謊嗎？」

卡特的母親知道這位女記者來意不善，於是平靜地回答道：「不瞞妳說，我兒子確實說過謊話。」

「喔，他說過什麼謊話？」女記者見獵心喜，趕緊追問。

「他曾經說過一些善意的謊話。」

「什麼是善意的謊話？」

「妳記不記得幾分鐘前，當妳跨進我們家的大門時，他稱讚妳非常漂亮，還說他很高興見到妳？」

莎士比亞在《愛的徒勞》劇作中說：「聰明人一旦變得癡愚，是一條最容易上鉤的魚，因為他憑恃才高學廣，看不見自己的狂妄。」

這是因爲，偏見會影響一個人看待事情的方式。

雖然大家都知道，人應該多留意別人的好處和優點，不要拿放大鏡看別人的缺點；輕視與嫉妒他人的心胸是狹隘、不健全的。但是，在這個社會上就是有許多人喜歡吹毛求疵，喜歡冷潮熱諷。

儘管以牙還牙、以眼還眼，並不是最好的行爲模式，但是，在不得已的情況下，對於別人的一些不友善舉動，還是得適度加以還擊，否則你就會被視爲軟弱無能的人而遭到欺壓。

對於那些狂妄自大、蠻橫無理的人，有時瞅準機會狠狠地教訓他們一頓，對他們而言，其實也不無好處。

厚黑智典

虛榮、急躁、固執等性格還不是最壞的，最壞的是嫉妒以至於禍害他人。

——英國思想家培根

要潑別人冷水，先帶一把雨傘

英國諷刺作家斯威夫特曾說：「諷刺是一種鏡子，照鏡子的人從鏡中都能發現其他人的面孔，唯獨看不見自己。」

美國作家愛默生曾經說過：「為自己挽回頹勢的最高明辦法，就是跟對手談論他最得意的事！」

因爲，如此一來，對手會因而趾高氣昂、得意忘形，在無形中撤除應有的心防，你才可以有機可乘，迎頭痛對方。

第二次世界大戰結束後，聯合國成立了託管委員會，專門處理殖民地獨立和主權未定區域相關事宜。

有一次開會的時候，英國的代表又滔滔不絕地談論英國協助殖民地獨立的豐功偉績，正當英國代表說得眉飛色舞的時候，經常受到嘲諷的蘇聯代表，十分不耐煩地迎頭潑下一盆冷水。

蘇聯代表鄙夷地打斷他的話，說道：「你們英國人講的這一套話，我已經聽了幾十遍，誰不知道，你們會這麼主張，是因爲你們的政府要員，以前大部分都是關在監獄裡的犯人！」

英國代表聽了，隨即反唇相譏：「你說得沒錯，只是，我們把犯人變成政府要員，總比貴國老是把政府要員變成犯人，關到監獄裡去，還要高明一些吧？」

英國諷刺作家斯威夫特曾說：「諷刺是一種鏡子，照鏡子的人從鏡中都能發現其他人的面孔，唯獨看不見自己。」

如果你在交際場合受到排擠嘲弄，千萬不要像小孩子大吵大鬧，也別像蘇聯代表處心積慮想找機會潑別人冷水，因爲，萬一你欠缺內涵，最後受到奚落嘲笑的，有可能還是你自己。

受到排擠嘲弄的時候，必須先冷靜下來，找出自己受到排擠嘲弄的原因，然後彌補或加強自己屢屢遭受攻擊的弱點。

譬如，要是大家認為你太笨拙，老是開你的玩笑，你就應該先試著讓自己機靈聰明點，然後在自我改進中，尋求朋友指點迷津，才能獲得支持和認同。

如此一來，有朝一日，你才可能像英國代表，從容地對別人的揶揄進行反擊。

厚黑智典

一個人或一個民族所能達到的最高圓融程度，就是知道如何去面對別人的嘲諷。

——烏納穆諾

注意，有人在挑撥你們的感情

有位哲人說：「在利益得失面前，每個人的靈魂會鑽出來當眾表演，想藏也藏不住。此刻，正是識別人心的大好時機。」

有位哲人說：「在利益得失面前，每個人的靈魂會鑽出來當眾表演，想藏也藏不住。此刻，正是識別人心的大好時機。」

的確，在種種誘惑之前，邪惡的靈魂會赤裸裸地曝露出來。人一面對誘惑，就會千方百計揭人隱私、造謠中傷、挑撥離間，縱然用盡卑劣的手段，也要奪到自己想要的東西。

英國著名的偵探小說家克莉絲汀大部分的時間都待在巴格達，生活在又乾燥又酷熱的沙漠當中，陪著她的丈夫從事考古方面的工作。

有一次，她回到英國參加出版界的盛會，有一個對她覬覦已久的出版大亨，爲了離間他們夫妻之間的感情，便故意趨前對她挑撥說：「唉呀！像妳這樣優秀的作家，竟然嫁給一個不知憐香惜玉的丈夫，整年生活在沙漠當中，妳的犧牲未免太大了，實在令人惋惜。」

克莉絲汀聽了不以爲忤，只用幽默的語氣，說出絃外之音：「其實，一個考古學家才是世上最好的丈夫，因爲，妻子的年齡越大，她的丈夫越能從她身上發掘出許多新的樂趣。」

世間萬物都是隨著時空環境而不斷變化的，人心也是如此，因此，活在現實的社會，人必須明察秋毫，提防別人對自己耍詐。

姜太公在《守士》中有一段關於卑劣人性滋長的比喻，值得我們再三玩味，他說：「涓涓細流不加堵塞，就會聚成滾滾江河；微弱的火花不加以撲滅，就會燃起熊熊大火；細小的幼芽，用手就可以摘除，但長大後不用斧頭是無法砍掉的。」

俗諺說：「路遙知馬力，日久見人心」，歲月是最公正的法官，有的人在某段時間裡也許可以稱得上是朋友，但相處時間久了，你就會了解他們眞正的爲人和品格。如果你肯仔細觀察，其實不難達到「知人知面也知心」的境界。

知人是十分重要的，只有學會察微知著，才能成爲聰明人，只有具備了一雙識人的慧眼，一個人才能眞正洞燭人性。

厚黑智典

對盛開的花朵，寒冷的天氣是敵人；對親密的愛情，離間的壞話是敵人。

——蒙古諺語

稱讚是致勝的秘密武器

幽默作家馬克吐溫曾說：「恰到好處的稱讚是一種高超的處世藝術，但是，只有少數人才懂得準確掌握它。」

西方哲學之父蘇格拉底曾經教導我們：「當你高興或動怒的時候，儘量緊閉你的嘴巴，免得讓小人有見縫插針的機會。」

所謂的「閉緊嘴巴」，並不是要你消極地裝聾作啞，而是積極地說些無關痛養的場面話，甚至是讚美對方的話。

假使你越能讓小人猜不著你的喜怒哀樂，小人就越會爲了找不到攻擊你的縫隙，而大傷腦筋。

小王和女朋友雅麗交往了兩年，最近終於有了「突破性」的發展，兩人也因此開始討論婚嫁問題。議定之後，小王便利用假日前去拜會未來的岳父大人。

小王依地址找到了雅麗位於陽明山的家，才知道他的準岳父原來是個財大氣粗、俗不可耐的暴發戶。

當小王寒暄一陣，正式開口說出婚事的時候，只見準岳父用懷疑的眼神盯著他說：「你口口聲聲說你眞心愛我的女兒，我怎麼知道你不是爲了貪圖我的財產，才想娶我女兒？」

小王聽了有點惱火，反唇相譏說：「最近，不是有個壽險廣告常說世事難以預料嗎？其實，我來提親也是冒了很大的風險，你口口聲聲說你是大富翁，我怎麼知道你會不會明天就破產，變成一個窮光蛋？」

小王對待準岳父的態度其實是不對的，反唇相譏的結果，只會使他和雅麗的婚事橫生波折，甚至告吹。

正確的做法是按捺自己心中的不悅，設法從他身上找到值得讚美的地方，然後毫不吝嗇地加以稱讚一番。

一個成功的人，除了必須隨時保持溫和友善的態度，還應該學會給別人戴高帽子，往別人的臉上貼金。

幽默作家馬克吐溫曾說：「恰到好處的稱讚是一種高超的處世藝術，但是，只有少數人才懂得準確掌握它。」

懂得稱讚別人，你就會比別人多了一項致勝的秘密武器。因爲，社會上的每個人都渴望被肯定和讚美，懂得人們的這種潛在慾望，便能將別人納入自己的掌握中。

懂得誇讚別人，讓你減少許多阻力。美國鋼鐵大王安德魯·卡耐基的成功秘訣之一，便是善於誇讚員工。他還特地聘請了一位名叫夏布的高帽專家，掌握每個機會對下屬大加讚美，牢牢地捉住員工們的心。

稱讚也必須看對象，有句俗話說：「看什麼魚，放什麼餌；見什麼人，說什麼話」，稱讚別人也是如此，千萬不能張冠李戴，否則就糗大了。

讚美別人最直接有效的方法不是從他的事業、才學、品德方面下手，而是從他的相貌高談闊論一番。

因爲，一個人不論長相再如何醜陋，我們都可以臉不紅、氣不喘地稱讚他說：「像你這樣的相貌眞是天下無雙，富貴可期，只要努力，前途一定不可限量啊！」

厚黑智典

讚揚對高貴者而言是鼓勵，對平庸者而言，則是追逐的目標。

——科爾頓《萊肯》

不要隨便講出自己的缺點

幽默作家馬克吐溫在《赤道環遊記》中說：「正因為實話是我們最寶貴的東西，所以我們必須省著點使用它。」

英國作家富勒曾經在《至理名言》裡寫道：「對別人始終處於信任狀態的人，是小人最喜歡算計的對象。」

的確，在這個人心隔肚皮的年代中，誰能讓別人猜不著自己到底打什麼主意，誰就是最後的勝利者。

如果你不想被周遭的小人暗算，那麼就千萬別濫用自己的信任，如此一來，才不會讓小人有機可乘。

有四個新近竄起的科技業大亨聚在私人俱樂部，一起飲酒作樂，因為聊得太投機了，酒酣耳熱之際有人便提議大家一起將自己不為人知的缺點講出來，並且約定好絕對不能對外透露。

第一個大亨歎口氣說，自己已經有輕微的酒精中毒，每天都要喝上幾杯，否則手就抖個不停，無法靜下心來工作。

第二個大亨坦承自己最喜歡賭博，常常趁著週休二日的空檔，到澳門賭場豪賭一番，星期一早上才回來。

第三個大亨不好意思地承認自己性好漁色，一下班就去私人俱樂部找美眉尋歡作樂，也曾經在公司和好幾個女秘書發生過性關係。

最後，終於輪到第四個大亨，但是，他卻一副扭扭捏捏的模樣，遲遲不肯說出自己不為人知的缺點。

大家見他似乎反悔了，於是輪番逼他必須遵守承諾，否則對其餘三人就太不公平了。第四個大亨被逼急了，只好開口說：「其實，我最大的缺點，就是喜歡搬弄是非、中傷別人，我真恨不得現在就撥手機，將你們的缺點加油添醋，洩漏給八卦雜誌知道。」

幽默作家馬克吐溫在《赤道環遊記》中說：「正因為實話是我們最寶貴的東西，所以我們必須省著點使用它。」

在這個既聯合又競爭的社會中，知道對方的習性，卻讓對方摸不清楚自己的底牌，往往可以在關鍵時刻保護自己。

就像蛇愛吃蛋，貓愛沾腥，每個人也都有各自的癖好，以及特別喜歡或迷戀的東西；有的人重名，有的人重利，而大多數的人則喜愛到風月場所尋歡作樂，正因爲如此，社會上才有那麼多八卦消息流傳。

有句俗語說得好：「逢人只說三分話，不可全拋一條心」，尤其是一些見不得光的私人癖好，絕對要嚴加保密，千萬不能讓別人知道，否則，一經過唯恐天下不亂的「八卦電台」耳語傳播，不但你刻意維持的形象將蕩然無存，甚至還可能成爲你日後的致命傷。

相同的，不管做任何事，都要學習故事中第四個科技大亨的智慧，儘量保留自己不可告人的秘密，千萬不要輕易地就和別人肝膽相照，否則恐怕很難在弱肉強食的叢林社會全身而退。

想要過著優游自在的日子，凡事要爲自己預留轉圜的空間，畢竟天有不測風雲，人有旦夕禍福，誰能擔保今天和你把酒言歡的人，明天不會成爲專門傳播和攻訐你隱私的小人？

厚黑智典

如果你想要認識你自己，就去看別人的舉動；如果你想要了解別人，就去窺看你自己的心。

——席勒

PART 11

輕鬆戰勝身邊的小人

莎士比亞曾說：「不要輕易燃起心中的怒火，
因為，它燒不了敵人，只會灼傷自己。」

識破別人精心設計的圈套

法國思想家盧梭在《愛彌兒》中寫道：「別人從來無法欺騙我們，一向都是我們自己欺騙自己。」

狡詐者的武器無非是玩弄種種心計，使得對自己缺乏信心、無法洞徹眞相的人，因禁不住假象的迷眩、誘惑，而掉入陷阱。

懂得識破生活中的各種圈套，才能算是眞正聰明人。

世界著名的日裔交響樂指揮家小澤征爾，在成名之前，有一次參加歐洲指揮大賽，決賽中按照評審委員給他的樂譜指揮樂隊演奏，卻發現有不和諧的地方。他認爲是樂隊演奏錯了，於是停下來，要求樂隊重新演奏，但是，樂隊的第二次演奏仍然不合他意。

這時，在場的作曲家和評審委員都鄭重地對小澤征爾說明樂譜絕對沒有問題，而是小澤征爾本身有問題。

面對著這些音樂大師和評審委員信誓旦旦的說詞，小澤征爾仍然堅持己見說：「不，一定是樂譜錯了！」

小澤征爾話才剛說完，評審台上立刻爆出熱烈的掌聲。

原來，這是評審委員們精心設計的圈套，藉此考驗最後三名晉級參加決賽的指揮家，在發現樂譜出現錯誤但卻遭到權威人士「嚴正否定」的情況下，能不能繼續堅持自己的正確判斷。

前兩位參賽者雖然也都發現樂譜有問題，但是，因爲認同評審的說法而遭到淘汰。小澤征爾則因爲堅持己見，終於在這次世界音樂指揮家大賽中摘取了桂冠。

法國思想家盧梭在《愛彌兒》中寫道：「別人從來無法欺騙我們，一向都是我們自己欺騙自己。」

有敏銳觀察力的人，可以洞察別人藏在內心最深處的謊言，摸清他人的底細。這是一種天賦智慧，也是一種生活修練，隨著年齡和經驗的增長，理智達到完全的成熟，更可以使判斷力因時就勢，左右逢源。

儘管看清楚事情的眞相並不很容易，可是我們不得不在這方面多費腦筋，如此才能讓自己明察事理，不致於吃虧上當。

厚黑智典

那些即使遇到了機會，還不敢自信必定能成功的人，只能得到失敗。

——德國哲學家叔本華

頭腦清醒，才能從容應付挑釁

馬基維利在《君王論》中說：「最能顯示出一個人智慧的是，能在各種危險之間做出權衡，並選擇最小的危險。」

民國初年，大軍閥張作霖雄踞東北時，曾經發生過一件「臉厚手黑」的趣事。

有一次，兩個日本浪人知道張作霖是個響馬出身的大老粗，故意前來大帥府邸求見，進門後不懷好意地對張作霖說：「聽說大帥您精於書法，能不能請您賜字，讓我們留作紀念？」

張作霖雖然是個草包，但畢竟見過大風大浪，面對兩個來意不善的日本浪人，表現相當沉著，二話不說立刻提筆一揮，寫了個頗具氣勢的「虎」字，還在下頭落款，寫著「張作霖手墨」。

不過，由於他唸書不多，竟然把「墨」字寫成了「黑」字。

日本浪人見了，心中頗爲得意，露出嘲笑的眼光，張作霖的秘書見狀，露出慌張的神情，趕緊在一旁提醒說：「大帥，您寫的這個字是『黑』，『墨』字下邊還有個『土』字呢！」

張作霖知道自己洩底了，隨即哈哈大笑加以掩飾：「我堂堂張大帥，難道會不知道『墨』字下邊還有個『土』字，可是我就是不寫這個『土』字！有些人總是想打老子的主意，總是想奪取東北的土地，老子我偏偏寸『土』不讓！本大帥一向『手黑』，誰敢放肆，老子絕不客氣！」

張作霖的瞎掰功夫眞是到家，這一番話說得義正詞嚴，不僅巧妙地掩飾自己的弱點，也宣示強硬立場，讓兩個日本浪人討不到便宜，自覺沒趣地走了。

馬基維利在《君王論》中說：「最能顯示出一個人智慧的是，能在各種危險之間做出權衡，並選擇最小的危險。」

在任何情況下，都必須保持一顆清楚的頭腦，如此才能在別人慌張失措的時候保持著鎮定，在別人做出愚蠢事情的時候，仍保持著正確的判斷。

因爲，唯有頭腦清醒的人，才能在驚濤駭浪中鎮定地駕馭船隻，也唯有頭腦清醒的人，才能像張作霖一般，在面對不速之客挑釁的時候，從容地運用機智，化解自己的尷尬。

厚黑智典

人們的聰明，並非以經驗為依據，而是以接受經驗的程度為依據。

——英國劇作家蕭伯納

你為什麼還賴著不走？

莎士比亞在《哈姆雷特》中說：「留心避免和別人發生爭吵；可是萬一爭端已起，就應該讓對方知道你不是可以輕侮的。」

林肯競選總統時的對手道格拉斯，選舉落敗之後，一直對林肯懷恨在心，處心積慮地想找機會加以報復。

有一天，道格拉斯終於逮到機會，在一個公開場合遇見了林肯。一陣虛情假意的社交寒暄後，他以不屑的神情說道：「林肯先生，我剛認識你的時候，你好像是開雜貨店的，站在一大堆雜物中賣雪茄和威士忌。你能當上總統，眞是運氣亨通呀！」

林肯明白道格拉斯有意羞辱自己，於是神色自若地向在場的衆人說：「各位先生們，道格拉斯先生說得一點也不錯，我確實開過一家雜貨店。我記得，當時道格拉斯先生是所有顧客中最高尚的，他總是神情優雅地站在櫃台的前面結帳，我則站在櫃台後面找零錢。不過，我早就從櫃台的後面離開了，不知道爲什麼，道格拉斯卻依然頑固地站在櫃台的前面，硬是賴著不肯走。」

這番不卑不亢的話不僅獲得滿堂喝采，也使道格拉斯尷尬得無地自容。

莎士比亞在《哈姆雷特》中說：「留心避免和別人發生爭吵；可是萬一爭端已起，就應該讓對方知道你不是可以輕侮的。」

林肯曾開過雜貨店，這是難以否認的事實，因此當道格拉斯重提往事加以嘲笑時，他絲毫不以爲意，先加以證實，乍聽之下似乎是甘居下風，但是這個證實，只不過是爲下一步的反擊作準備。

他先退一步，說明自己和道格拉斯兩人過去的背景，然後再用現在各自不同的狀況加以比較，告訴在場的衆人，自己雖然曾經從事過卑微的職業，但是經過長期努力不懈的奮鬥，已獲得相當耀眼的成績和進步。

相形之下，這番話也譏諷道格拉斯仍然庸庸碌碌，無法提昇自己的層次，只是個虛有其表的傢伙。

林肯面對宿敵的揶揄挑釁，展現了應變才智和反應敏捷。

想要輕鬆戰勝身邊的小人，應該學習林肯這種以退爲進的智慧，不要急著抓狂，也不要一味地硬碰硬。

厚黑智典

在你一切見解與深思方面，以及在你舉止與其他事情方面，都要保持穩健與含蓄。

——法國思想家蒙田

輕鬆戰勝身邊的小人

莎士比亞曾說：「不要輕易燃起心中的怒火，因為，它燒不了敵人，只會灼傷自己。」

想要輕鬆戰勝身邊的小人，關鍵就在於，我們能不能在忍耐的同時，不斷提昇自己的境界，積累反擊、報復的實力，把自己訓練得像兔子一樣敏捷，像狐狸一樣狡猾，像老虎一樣沉穩而又凶悍……

任何事情都有正反兩面，就像一把刀，如果你抓的是刀刃，最好的事情也會傷害你；而如果你抓的是刀柄，那麼最有害的事情也會保護你。

阿強有一天在路上散步，突然腦袋被狠狠地揍了一拳，回過頭一看，是一個不認識的臉孔，便很生氣地責問：「你爲什麼打我？」

那個人見自己打錯了人，不但沒有放低姿態道歉，竟然還生氣地說：「你走路幹嘛像小忠那個瘪三！」

阿強不肯善罷干休，便扯著那個人到法院。

誰知道，那個人竟然和值日法官認識，法官聽了阿強的控告，便對那個人使眼色說：「這就是你不對了，法治社會裡連立委都不能隨便打人，何況是你呢？我判你付給阿強一萬元，作爲道義賠償，還不快點回家拿錢！」

阿強在法院等那個人拿錢來，一等就等了兩個鐘頭，卻遲遲不蹤影，開始懷疑法官故意放走那個人，於是問法官該怎麼辦。

法官不悅地說：「我已經判他賠你錢了嘛，他不來，我有什麼辦法！」

阿強聽了這番話，心裡十分火大，於是趁著法官不注意，溜到他的背後，狠狠地朝他的後腦揍了一拳。

頭冒金星的法官還搞不清楚是怎麼回事，只聽到阿強譏刺地說：「我實在很忙，不想再等下去了，這樣吧！你趕快判我付給你一萬元作爲道義賠償，那個人的賠償費就轉讓給你吧！」

莎士比亞曾經勸告我們說：「不要輕易燃起心中的怒火，因為，它燒不了敵人，只會灼傷自己。」

每個人的周遭都有一些小人，整天進行損人、害人的勾當；當你受了氣，要不要忍耐，很重要的一個取決標準是：自己是否有足夠的反擊力量。

面對像蒼蠅一般煩人惱人的小人，倘使你心裡一直忿忿不平，不妨換個方式這麼想：「忍耐，並不是眞的怕你，而是現在我不願滋惹事端，至於什麼時候要加以報復，主動權操在我手中。只要時機成熟了，就是你倒楣的時候。」

如果，我們無可避免地必須面對身邊的小人，那麼，把主控權操在自己手中，豈不是更好嗎？

一旦你做好了心理建設，就不會把肆意找碴的小人看成是強者，也不會動輒生氣抓狂，因爲你知道這場較量還沒結束，最後慘敗的終將是他們。

因此，當你受到陷害、侮辱、冤枉的時候，千萬不要輕易抓狂，應該暫時忍下心中的憤怒與衝動；更多的時候要提醒自己面帶微笑，靜候對方出招，如此才能沈著應變，見招拆招。

不必一味地板著臉孔、費盡心思去提防周遭的小人，或者一受氣就動怒抓狂，因為，這只會降低自己的格調，徒然折損自己的生命；想要輕鬆戰勝身邊的小人，其實還有更多巧妙的方法……

厚黑智典

復仇之心儘管可以孵出一窩雞蛋，但是孵蛋的母雞必須要有充分的耐心。

——梅瑞狄斯

不要急著打退堂鼓

俄國文豪杜斯托也夫斯基在《少年》一書中寫道：「只要有堅強的意志，就自然而然會有能耐、機智和應變的智慧。」

英國詩人勃朗寧曾經說過：「一個人成功與否，並不在於他們如何循規蹈矩，而在於他們是否能在關鍵時刻表現靈活。」

的確，如果你凡是只會死守教條，腦袋不懂得轉彎，那麼你永遠只會讓自己陷入人生的困局。

英國牛津大學有位著名的教授名叫李費，是享譽歐洲的學者。他有一個怪癖，那就是藐視女性，每當他走進教室上課的時候，不管裡頭有沒有女學生，都習慣用

「紳士們」作爲起頭。

這個習慣讓一群響應女權運動的女學生十分反感，認爲他嚴重漠視女性的存在，有違兩性平等原則，決定聯合起來捉弄他，讓他難堪。

有一天，李費教授上課之前，這些女學生強迫驅離所有的男學生教室，只留下一個男在教室，準備看李費怎麼應付這種局面。

上課鐘聲響後，李費教授一如往常走進教室，卻見到裡頭只一個男生，其餘全是女學生，嗅出氣氛不太對勁。

李費知道這群女學生故意要和他過不去，於是不急不徐地改口說：「這位可憐的紳士……」然後若無其事地繼續上課。

俄國文豪杜斯托也夫斯基在《少年》一書中寫道：「只要有堅強的意志，就自然而然會有能耐、機智和應變的智慧。」

李費教授的行徑，給我們的啓示是——不管別人如何和自己過不去，只要你能堅持到底就是勝利。

就像獵人的目的不在於跟蹤獵物，而是將牠們捕獲，做事情最基本的原則是貴在恆心與堅持，爭取最後的勝利；與其開場時風光熱鬧，不如落幕時有所獲得。

在日常生活中，我們可以看到許多人一遇見困難，就乾脆自己先打退堂鼓，忙著給自己找台階下，理由是：何必爲難自己呢？

試都不試就先打退堂鼓，這種行爲簡直是瞧不起自己，無疑是告訴別人自己是個怯弱、畏縮、缺乏自信的傢伙。

相形之下，那種勇往直前，縱使遇到挫折也不氣餒的進取精神，著實令人欽佩。

厚黑智典

上天要求我們具備三件東西才肯賜予幫助——一顆堅定的心，一條強壯的臂，和一張緊咬的唇。

——哈利伯頓

激發生命最內層的潛力

瑞士作家艾爾爾曾說：「人的體內潛在著無限可能的力量，就像一塊燧石，只有經過鐵的撞擊，才會迸射出美麗的火花。」

有人說，人生其實就像是一個龐大的賣場，每個人盡可以在那裡進行有利於自己的買賣，但是，不管你想獲得多少，都必須付出一定的代價。

正是因爲每個人的能力不同，欲求程度不同，可以承受的代價也不同，所以世間才會有優勝劣敗的差別。

有一個媒體記者前去採訪一位號稱身價高達數十億元的本土企業家，請他談談自己白手起家的成功經驗。

這位富豪談起自己的奮鬥歷程時，謙虛地說：「我之所以會有今天的成就，其實完全要感謝我太太。」

記者聽了很感動，認爲他是一個不忘本的人，便接著問道：「是不是因爲她陪你同甘共苦，一路走過創業的艱難時期？」

誰知這位富豪翻翻白眼，說：「喔，不，才不是這麼回事，當初我只是很好奇，想知道我究竟必須賺多少錢，她才花不完？」

這位富豪的話當然是半開玩笑性質，但是，人類確實有某些潛在的天賦、才能，只有遭遇鉅大的打擊、刺激，才會被激發出來。

瑞士作家艾彌爾曾說：「人的體內潛在著無限可能的力量，就像一塊燧石，只有經過鐵的撞擊，才會迸射出美麗的火花。」

拿破崙在談論他的麾下大將馬賽那時就曾說：「在平常的時候，他的眞面目是不顯露出來的，但是一看到士兵的屍體堆積如山時，他內在的獸性就會突然發作，像魔鬼一般奮勇殺敵。」

這些平常難以發現的雄厚潛力，每個人都有，而且每每隱藏在生命的最內層，所以普通的刺激無法把它們喚醒。

但是，當一個人被嘲笑、被揶揄、被欺凌、被侮辱到無以復加的時候，這股潛伏的力量，就會從生命的最內層甦醒，然後爆發出來，幫助他成就在正常情況下絕對不能成就的事業。

厚黑智典

生命是純淨的火焰，我們活在世上，心中有一輪無形的太陽。

——英國作家托·布朗

不要只顧著驚聲尖叫

作家吉崔利曾說：「越無知的人越容易受輕蔑，因為他們不了解人生的真諦，所以顯得愚蠢。」

小莉剛剛學會開車，考到駕照後的隔天，她就趁著老爸睡午覺，興奮地偷開他的車出去街上兜風。

當她一邊聽音樂一邊哼歌，把車子開上快速道路不久，前面的車子突然緊急煞車，小莉一時反應不及，碰的一聲撞了上去。

前面車子的車主，一臉不悅地下車察看愛車的慘狀後，二話不說，馬上打手機找交通警察來處理。

交通警察前來製作筆錄的時候，看了看小莉的駕照，見她是新手上路，便趁機告誡她說：「小姐，妳開車的時候，應該要專心，兩眼盯著前面，盡力避免意外事故發生才對啊。」

小莉一臉沮喪但又不願認錯，辯解說：「車禍發生的時候，我確實是這樣沒錯啊，當時我兩隻眼睛睜得好大，直盯著前面，而且盡力尖叫，誰知道，最後還是撞上前面的車子。」

作家吉崔利曾說：「越無知的人越容易受輕蔑，因為他們不了解人生的真諦，所以顯得愚蠢。」

看完這個笑話，或許你會覺得小莉未免太離譜了，看到前方的車子緊急煞車，不知採取緊急應變措施，卻只會睜著雙眼大聲尖叫，事後還辯稱自己已經「盡力」了，但事實上，在日常生活中，類似小莉這樣的人卻不在少數。

譬如說，目前國內因受全球經濟不景氣的影響，各行各業景氣蕭條，加上銀行銀根緊縮，許多企業紛紛宣告倒閉，過去經營順利、業務蒸蒸日上的公司，面對諸多不可預測的變數時，最好的策略就是「以退爲進，轉攻爲守」，收斂躁進的銳氣，穩紮穩打，謹愼思考如何撐過難關，如此，企業才能永續經營下去。

此時，如果還認不清大環境的變化，不緊急踩煞車，反而盲目的增資冒進，試圖大舉擴充企業版圖，只會爲自己帶來不測的命運，到最後唯一能做的，也許就像小莉一樣，睜著眼睛驚聲尖叫。

厚黑智典

明察他人的過失，忘記自己的錯誤，是所有的傻瓜共同的特質。

——古羅馬思想家西塞羅

你真的不用再賣笑了嗎？

美國總統林肯曾經提醒世人：「世界上並沒有卑賤的職業，有的只是卑賤的人。」

關於領導統御的要領，莎士比亞曾經寫道：「建立豐功偉業的人，往往借助於對自己盲目崇拜的人之爭。」

的確，所謂的成功人士並非比平凡人優秀，只不過他們懂得如何運用厚黑權謀，讓追隨他的人，心甘情願地爲自己賣命。

如果你不懂得領導統御之道，只一味用薪資或是威權的方式帶領部屬，那麼，不僅部屬不可能對你盡忠，跳槽之類的情事也會層出不窮。

小鍾是一家小貿易公司的老闆，平常最喜歡嘮嘮叨叨對員工碎碎唸，但是，他卻自認爲很有幽默感，一聽到自己覺得好笑的事，就會立即叫員工到會議室集合，要員工們分享他的幽默。

有一天中午，小鍾陪幾個客戶出去應酬吃飯，回到公司之後，有點醉意的他，便迫不及待地召集所有的員工到會議室，分享他剛剛聽來的幾則笑話。

由於喝酒的緣故，小鍾的舌頭有點打結，把笑話說得零零落落，但是員工們卻聽得捧腹大笑，只有會計小姐阿雲無動於衷，而且露出一副十分不屑的模樣。

小鍾見到平常最捧場的阿雲滿臉不耐煩，心裡有點不高興，便板起臉質問阿雲：「奇怪了，我講的笑話這麼好笑，妳怎麼還是面無表情，真沒有幽默感……」

誰知阿雲竟然輕蔑地哼一聲，回答說：「我根本不用笑，因爲，我要跳槽了，上班上到這個月底。」

美國總統林肯曾經提醒世人一個道理：「這個世界上並沒有卑賤的職業，有的只是卑賤的人。」

有一位美國生涯規劃專家研究指出，每個一生當中，平均會換五到六次工作。另外，根據一項非正式的統計，在美國每個月換工作的人數，約在八十萬左右。

換工作當然有各種不同的理由，有的是出於自願，有的則是出於無奈。心理專家大致歸納出五種原因：

一、不受重用。

二、無法忍受工作上的無聊與瑣碎。

三、對事業充滿企圖心。

四、害怕別人發現自己能力不足。

五、運氣不佳，被遣散或者公司倒閉。

不論如何，換工作是尋求自我提升與突破的一種方式。不過，換工作畢竟是一件大事，必須謀定而後動，以免草率決定後徒生困擾；一旦你打算跳槽，事前事後都需要做心理調適。

在你準備跳槽之前，先坐下來仔細想一想，問問自己：「一定非走不可嗎？如果不走，還有哪些改變的可能？」

在自問的同時，不妨回想一下，過去幾次跳槽的原因是什麼，態度儘量保持客觀誠實，不要一味鑽牛角尖，而要以較積極樂觀的態度去看待自己的處境，否則難保你的下一個工作，可能還必須虛情假意地「賣笑」。

厚黑智典

大多數人花費太多時間去做他們並不想做的事，為的只是想獲得偶爾能去做自己想做的事的權利。

——J．M．布朗

替自己保留一點實力

激勵大師奧里森·馬汀說：「頭腦清楚的人，不會因為環境的變化而影響自己的判斷。金錢的損失、事業的失敗、憂苦艱難，都不足以破壞他精神的平衡。」

《堂吉訶德》的作者塞萬提斯曾經說：「無論瓦罐碰了石頭，還是石頭碰了瓦罐，遭殃的總是瓦罐。」

如果在競爭的過程中，你的實力是「瓦罐」，而對手的實力是是「石頭」，那麼與其跟對手正面交鋒，還不如暫時避其鋒芒，讓對手去獲得他們自以爲是的勝利，而爲此後悔莫及。

以下就是香港富豪李嘉誠示範的退讓智慧。

有一年，香港政府財政吃緊，又不好意思向外國借錢，於是便想拍賣中環海邊康樂大廈所在的土地，籌措經費來解決財務方面的困窘。

這塊土地面積龐大，而且位於黃金地帶，具有相當雄厚的增值潛力。消息傳出之後，各國財團紛紛派出代表飛抵香港，準備參與競標。

不過，參加競標的財團雖多，但是，香港政府並不願這塊土地落入外國財團手中，因而有意讓李嘉誠的長江實業和英國的「置地銀行」其中之一獲勝。

對於這項競標，李嘉誠雖然對外顯露出高度的興趣，但是內心卻有自己的盤算。他認為地皮雖位於黃金地帶，具有相當雄厚的開發潛力，但投標金額也必須有個上限，否則買回來開發，將會面臨龐大的財務壓力，而且「置地銀行」為了壓過自己，必然拼命爭取，以報前幾次失敗之仇。

幾番打量之後，李嘉誠決定出價二十八億港幣。

反觀，「置地銀行」則擺出志在必得的姿態，在沙盤推演的過程中，認為李嘉誠為了得到這塊土地必定會不惜一切抬高價碼，於是報出四十二億港幣元的天價。

競標結果，當然是置地銀行獲得壓倒性的勝利。

但是，正當該銀行高階主管開香檳大肆慶賀時，打聽消息的人員匆忙趕回來報告說，李嘉誠的報價足足比他們少十四億港幣，頓時，高階主管們一個個臉色變得通紅，總裁的酒杯也驚得掉在地上，氣憤地連聲說道，上了李嘉誠的當了。

激勵大師奧里森．馬汀說：「頭腦清楚的人，不會因為環境的變化而影響自己的判斷。金錢的損失、事業的失敗、憂苦艱難，都不足以破壞他精神的平衡；他也不會因為小小的成功而傲慢起來。」

李嘉誠精打細算，忍住了黃金地段的巨大誘惑，果斷地從這場競標中全身而退，把燙手山芋丟給了置地銀行，表面上好像是輸了，被比了下去，而實際上是忍術奇高的輝煌戰果。

仔細想想，如果他忍不住氣，硬把資金全力押上，最後造成本身週轉不靈，這樣的勝利又有何意義？

我們如果仔細研究古今中外的戰史，就不難從這些知名戰役中發現，一個優秀的將領不管己方實力如何，敵方虛實如何，交戰之前，多半會未雨綢繆，爲萬一戰敗之後的撤退預留退路。

這並不是他們對自己獲得最後勝利沒有信心，或助長敵人的士氣，而是保留自己實力應有的謀略。

勝敗是兵家常事，惟有識時務、知進退，才稱得上大智大勇，意氣用事只會淪爲暴虎憑河的匹夫。

厚黑智典

一棵樹木假使將其全部的養分汁液，僅僅輸送給一個巨枝，而使其他部分枯死，絕不能成為一棵繁盛的大樹。

——英國俗諺

PART 12

應該謹慎的時候不要感情用事

英國著名的評論家科林斯曾說：
「我們在生活中最常見的錯誤是，
應當謹慎思考的時候卻感情用事。」

小心自己變成落水狗

英國劇作家H．泰勒曾說：「如何妥善地處理一場不可避免的爭端，是對一個人的性格的最好考驗。」

人總是依據利弊得失來權衡眼前的事物，而且，往往一見到便宜就想佔，一見到別人遭遇失敗就想打落水狗，彷彿不趁機落井下石也是一種吃虧似的。殊不知，這樣一來，只會醜態百出，使自己的人生道路越走越狹隘，很難有一番豁然開朗的大遠景。

中國近代史上著名的外交家伍廷芳相當機智，出使美國時，曾在一次外交官雲集的宴會上，即席發表了一次幽默風趣的演講，受到與會人士的一致喝采。

當時，有個穿得珠光寶氣的美國外交官夫人，不甘衆人的焦點全集中在伍廷芳身上，想要挫挫他的鋒頭。

於是，她故意走上前去，嬌滴滴地對伍廷芳說：「伍大使，我十分佩服您的演講，因此，我決定把我的愛犬改名爲『伍廷芳』，讓牠沾點您的光，您說好不好？」

伍廷芳聽出她心中的醋意和輕蔑，於是，順著她的語意，幽默地回答說：「很好，那很好啊，這麼一來，妳以後就可以天天摟著妳的『伍廷芳』，和牠接吻了。」

這位外交官夫人想要羞辱伍廷芳，不料卻被伍廷芳在言語間吃了豆腐，氣得漲紅了臉，卻又莫可奈何。

英國劇作家H．泰勒曾說：「如何妥善地處理一場不可避免的爭端，是對一個人的性格的最好考驗。」

面對突來的蠻橫舉動、無理要求或嘲弄譏諷，爲了避免正面衝突，不妨表面上做出看似妥協的姿態，然後針對對方的語病或漏洞，反守爲攻加以調侃。

這是一種高超的應變技巧，具有以柔克剛、後發制人的功效。

伍廷芳裝作接受那位貴婦人用「伍廷芳」當狗的名字，然後加以衍伸，借用她逗弄愛犬的情景，戲謔地說「妳以後可以天天摟著伍廷芳接吻了」，回敬她對自己的羞辱，便收到良好的反擊效果。

德意志民族有句俗諺說：「世界上最純粹的喜悅，便是看見仇人遭遇到不幸。」我們可以見到，那些處心積慮想要佔別人便宜，一逮到機會就想暗中損人的人，最後往往什麼便宜也佔不了，反倒常常變成人人戲弄的落水狗，這可以說是社交場合中顛撲不破的經驗法則。

厚黑智典

如果衣著華麗，就看不出誰貧誰富，如果不說話，就認不出聰明愚蠢。

——佚名

關鍵的朋友留在關鍵的時候用

培根在《人生智慧》中說：「友誼對於人生，真像是煉金術士所要尋找的那種『點金石』。它能使黃金加倍，又能使鐵點成金。」

國際電影明星席維斯史特龍，尚未成名之前生活過得十分落魄，身上僅有一百塊美金，甚至連房子都租不起，每天睡在車裡。

當時，他立志要當演員，自信滿滿地跑到各大電影公司應徵，但是都因爲外貌不出衆以及說話咬字不清而遭到拒絕。

但是，在被拒絕了一千五百次以後，他仍然不灰心，寫了「洛基」劇本，並且拿著劇本四處毛遂自薦，又被拒絕了一千八百次，儘管如此，他還是不灰心，最後終於好運臨頭，遇到一名肯接納他的電影公司老闆，出資讓他拍攝電影。

席維斯史特龍堅持到底，最後終於如願以償，自編自演的「洛基」使他成爲名震國際影壇的超級巨星。

席維斯史特龍的故事告訴我們，一個人只要設定目標，知道自己想要的是什麼，然後採取行動絕不放棄，成功只是時間早晚而已。

中國著名的文藝理論家何其芳，在上海中國公學預科讀書時，開始從事文藝創作，但是他投到報社的小說每篇都被退稿，他爲了要突破困境，於是寫信向在該校任教的沈從文請益。

過了不久，沈從文回信鼓勵他多讀、多寫，多觀察周遭事物，多體驗生活。

第二年，何其芳苦心創作的小說《換秋》，終於發表在《新月》雜誌上，這便是何其芳的新起點。

後來，何其芳考入北京大學讀書，常在《大公報》副刊上發表詩歌、散文，當時的主編就是沈從文。

一九三五年，沈從文更撰寫《何其芳浮雕》一文，讚揚何其芳的作品，從此，何其芳蜚聲國內文壇。

培根在《人生智慧》中說：「友誼對於人生，真像是煉金術士所要尋找的那種『點金石』。它能使黃金加倍，又能使鐵點成金。」

俗話說：「天無絕人之路」，這是因爲許多人走到了人生轉折點，都會幸運地受到朋友幫助，成功地走向全新的境界。

每個人一生當中，都有數不盡的貴人；貴人通常會在你最需要的時刻，奇蹟式地降臨，幫助你突破困境。

只要你能樂觀地這麼想，即使走在坎坷的人生旅程，也不會因爲內在的擔心、害怕而亂了方寸。

每天晚上睡覺前，試著調整自己的情緒，爲嶄新的明天做準備。想一想周圍的美好事物，想一想現在或過去的好朋友，想一想每一個幫助過你的人，想像著他們在你熟睡時一直都注視著你，不但可以培養良好的價值觀，而且會帶來溫暖和安全感，伴你沉穩入睡。

最後，必須隨時告訴自己，最關鍵的朋友要留到最關鍵的時刻使用，千萬不要把友情花費在無關緊要的事情上。

厚黑智典

有朋友的人，像草原一樣寬闊；沒有朋友的人，像手掌一樣狹窄。

——蒙古諺語

為什麼你總是遇到「龜毛」的客戶？

美國作家愛默生說：「人們之所以孤僻，是因為他們不去修橋，反而築牆將自己圈堵起來。」

俄國寓言作家羅曼諾夫．克洛索夫曾經如此寫道：「那些平日與你交心，被你認為是所愛的人，往往就是在最後關頭遺棄你的人。」

當然，我們不必太過悲觀，把人性想得這麼無情、醜陋，但是，不管做什麼事，還是要設法爲自己留一條可以撤退的後路，才不會因爲突如其來的打擊，讓自己錯愕、傷心不已。

小韋從學校畢業之後，應徵了好幾家公司，好不容易才到一家電腦公司當業務員，小韋很認眞地跑業務，但是，由於景氣直線下滑，不久卻遭到裁員。

小韋失業後，深深感受到，景氣不好導致社會治安混亂，於是便立志投考警察學校，最後終於如願以償，加入維護社會治安的工作。

幾個月後，他在支援交通勤務的時候，攔下一輛違規行駛的汽車，探頭一看，居然是以前認識的一位「龜毛」客戶阿正。

阿正爲了不想讓小韋開罰單，便開始套交情，還語帶關心地詢問：「你不當業務員，跑去幹警察，會不會不適應？」

小韋想了一下說：「的確有點不適應。以前當業務的時候，不管客戶多麼龜毛，我都必須認爲他們永遠是對的，現在有點不一樣，我的客戶雖然還是一樣龜毛，不過，我可以大聲指責他們是錯的。」

這個故事，並不是要教你「人情留一線，日後好相見」的道理，而是提醒你，人與人之間的衝突、不悅、仇視、淡漠和分離，往往來自於彼此立場的對立。

如果你想要和別人和睦相處，首先就必須理解對方的立場。

由於立場不同，價值觀念有異，一般人總難免要根據本位主義批評別人。正因為如此，當別人的言行舉止不如我們所預期時，我們心裡就會老大不太高興，開始挑剔他們的小毛病。

就像小韋一樣，不管跑業務還是當警察，都只站在自己的立場，認為他遇到的客戶永遠是「龜毛」的。

美國作家愛默生曾經說過：「人們之所以孤僻，是因為他們不去修橋，反而築牆將自己圈堵起來。」

一個人如果想要建立良好的人際關係，就不能要求別人一定要依照自己的模式去做事。解決人際關係分歧、不愉快的唯一方法，就是設身處地去理解別人。

厚黑智典

一個人比另一個人高貴之處，就在於他能承認對方的價值。

——瑞士作家史比德勒

今天摸魚，明天就會被炒魷魚

日本正受禪師曾說：「最重要的就是今天的心。如果你今天草率行事，明天就會無事可做。」

每個人都渴望成功，可是大多數人最後卻嚐到失敗的苦果。

其實，想要在自己專精的領域成功，並沒有什麼特別的秘訣，也不須處心積慮去學習厚黑伎倆，老是想把別人踩在腳下。

成功的方法只在於尊重自己手頭的工作；成功的技巧只在於對目前的工作全力以赴，如此一來成功就不是那麼遙不可及。

大發明家愛迪生自行開設第一家工廠的時候，遇到一個頭痛的問題，那就是，所有的工人似乎對掛在牆上的壁鐘很感興趣，不但工作的時候，老是抬頭看著時間，而且下班時間一到，便爭先恐後地衝出工廠。

愛迪生為了這個問題苦惱了很久，最後終於想出一個解決的妙策，高興地喃喃自語說道：「愛看，就讓你們看個夠！」

他去買了十六個壁鐘，分別掛在四周的牆壁上，但是，把這十六個壁鐘的時間，調得完全不一樣。

從此以後，再也沒有人工作的時候望著牆壁，也沒人下班時間一到，就爭先恐後地衝出工廠。

日本正受禪師曾說：「最重要的就是今天的心。如果你今天草率行事，明天就會無事可做。」

工作時間喜歡看鐘看手錶，抱怨時間過得太慢的人，有必要牢牢記住正受禪師這番話，因為，如果你再不改變自己混水摸魚的心態，很快的就會被工作環境淘汰。

即使是從事自己不喜歡的工作，也要試著全心投入，以最大限度去努力，下最深的功夫，呈現最佳的成果。如此一來，說不定這些原本令你覺得厭煩的工作，能激發出生活的新動力！

不要抱怨自己從事的是微不足道的瑣碎工作；無論身處什麼環境，如果你能盡力將自己分內的工作完成，必定會獲得別人信賴，而且可以透過工作來培養自己更上一層樓的實力。

等你累積了一定程度的實力，再試著要求自己去做各式各樣的工作，漸漸的，你就能提昇自己的層次，讓別人刮目相看。

厚黑智典

判別一個人是否偉大的標準，就是看他為了自己的工作付出了何種犧牲。

——奧地利作家維特根斯坦

應該謹慎的時候不要感情用事

英國著名的評論家科林斯曾說：「我們在生活中最常見的錯誤是，應當謹慎思考的時候卻感情用事。」

在職場上，我們可以見到許多人專門狐假虎威，專門借用上司的名義，來增加自己的影響力，或是獲取不當利益。

其實，假借冠冕堂皇的名義做自己想做的事，一直就是熟諳厚黑的缺德小人最擅長玩弄的把戲，因爲，這種方式不僅可以假公濟私，事後還可以避開自己應負的全部責任。

美國國際顧問管理公司ＩＭＧ總裁麥考梅克手下有一位主管，負責對外公關及與新聞界打交道。他最感興趣的，就是安排麥考梅克上電視或接受報紙專訪。

可是，麥考梅克向來不喜歡接受訪問，也不願耗費太多時間在這方面。這位主管卻不斷催著麥考梅克把一項項訪問排入行程表，有時甚至幾個星期前就要排定。

麥考梅克不願自己被時間綁得緊緊的，可是這位主管總說，這是爲公司、爲客戶好，說起來彷彿他全是站在公司的立場設想。

過了好一段時間麥考梅克才發現，其實這位主管是藉此在營造自己的知名度。不斷安排麥考梅克曝光，可使他在新聞界面前顯得很有辦法；麥考梅克決定得愈快，就愈顯得他有能耐。

換言之，他是在犧牲麥考梅克的時間，來建立個人在新聞界的地位。

一旦認清這一點，以後想要延後決策時間或拒絕媒體訪問時，麥考梅克心中就不再覺得歉疚。

英國著名的評論家科林斯曾說：「我們在生活中最常見的錯誤是，應當謹慎思考的時候卻感情用事。」

當別人一直催著你當機立斷的時候，你必須先考慮，延緩決定會不會造成立即而明顯的危機？

如果不會，那麼，你就得深入探討，爲什麼對方老是逼著你快快下判斷？

要知道反覆檢驗才是最安全穩當的，尤其在你沒有把握之時，更需花些時間思索，而不應倉促行事。

當然，拒絕別人的時候，不妨多多留意自己的態度，讓從自己口中說出的「不」字再成熟一些，不要過分尖酸刻薄；答應別人時，也可以晚些做承諾。這才是正確的決策方法。

厚黑智典

如果你不相信自己，不相信自己的能力，除了神話和幻想之外，什麼也創造不出來。

——俄國作家高爾基

態度要親切，價錢儘管黑

李．艾科卡說：「在人生的道路上會有成千的小岔口，也會有一些相當大的岔口，那就是需要你付出代價的時候，也是考驗你的智慧的時候。」

某家新建的大型量販超市開始營業前，爲打響知名度，經過一番策劃後特地舉行一場開幕前的特價試賣會。

有一位顧客好不容易搶購了一台最新型的彩色電視機，滿心歡喜地搭乘手扶電梯準備下樓結帳。他把電視機放在電梯扶手上順勢而下，誰知竟樂極生悲，一不小心撞碎了一樓的大型導購燈箱。

超市賣場的服務人員氣急敗壞地告訴這個顧客說，這個導購燈箱的造價市六〇〇〇美元，要求他必須照價賠償，這位顧客及同行的妻子女兒瞬間臉色變白。

正當他們支支吾吾說不出話來的時候，超市總經理竟然親自出面，十分客氣地接待他們。這位總經理主動提議，只要他們賠償一塊美元，其餘全部由超市自行承擔，並要他們在協議書上簽字。

這位顧客和他的家人十分感動，離開這家超市後，隨即向當地的媒體反映這個情況。當地的媒體很快以「撞壞導購燈箱，賠償一元了結」爲題，報導了這則新聞。這家正在試賣的超市，立刻名氣大幅攀升，贏得社會廣泛好評，正式開幕之後，生意好得水洩不通。

《反敗爲勝》一書的作者李．艾科卡在書中說：「在人生的道路上會有成千的小岔口，也會有一些相當大的岔口，那就是需要你付出代價的時候，也是考驗你的智慧的時候。」

這家超市之所以迅速在市場上佔有一席之時，是因爲總經理在這個偶發事件中，敏銳地嗅出不尋常的宣傳價值。

他不因爲造價昂貴的導購燈箱被撞破而抓狂，並不失幽默地收了一元錢，既表明顧客確實應該賠償的立場，又表明超市對顧客的體諒，所以很快為新聞媒體重視，達到了宣傳的效果。

就這樣，這家超市僅僅用五九九九元的代價，就獲得了難以用數字計算的宣傳效果和經濟效益。顧客不論好壞，永遠是商家的上帝，對他們謙讓，讓他們佔點便宜，實際上是永遠不會吃虧的。

試想，你如果處處與顧客爭吵，斤斤計較，最終只會讓人說你為富不仁，心腸太黑。相反的，一旦有了良好的商業形象、友善謙和的服務態度，那麼即使把價格定得「黑」一點，也會有大批顧客上門光顧。

厚黑智典

對於任何一個發生在我們周遭的問題，都會有正確的和錯誤的解決方案，全看你如何選擇。

——經濟學家羅伯特·賴克

你的腦袋壞掉了沒？

有位哲人說：「在造訪命運之宮時，如果你從快樂之門進入，必從悲哀之門走出；從悲哀之門進入，則必從快樂之門走出。」

俄國寓言作家克雷洛夫說：「那些道貌岸然的人不斷欺騙我們、奴役我們、出賣我們，荒唐的是，大多數人卻稱呼他們是偉人。」

確實如此，世間到處充滿著虛假，裝出慈悲和善的臉孔，正是熟諳厚黑權術的人的拿手好戲，爲了達到自己所追求的目的，他們經常以最美麗的外表、最動人的言詞欺騙別人的耳目，在在考驗你的腦袋壞了沒？

阿俊在競選市長的時候，標榜清廉執政，強調自己當選後在推動市政之際，一定致力打擊特權、掃除黑金。

但是，誰也想不到，他經過激烈的選戰，好不容易當選市長，所作所爲卻全不是那麼回事，不但所謂的清廉形象蕩然無存，還因爲貪污舞弊又鬧緋聞，被檢調單位移送法辦，鬧得滿城風雨。

有一天，貪瀆官司纏身的阿俊正要外出辦事，突然見到市政府廣場前，有一個老太太不小心摔了一跤。

極力想重建親民愛民形象的他，立即快步上前把老太太扶起來，發覺她似乎摔斷了腿，於是連忙撥電話叫救護車。

在等待救護車前來的空檔，阿俊閒著也是閒著，便趁機向老太太抱怨說，外界說他貪污、舞弊、鬧緋聞，其實都是政治陰謀，是有心人士嫉妒他的才華，刻意透過媒體對他進行打壓。

面對阿俊的辯解，老太太不知該如何對答，只是客套地說：「眞不知道該怎麼謝謝你，市長先生。」

阿俊笑著說：「這沒什麼，下次選舉的時候，投我一票就行了。」

老太太聽了，突然狠狠瞪阿俊一眼：「你嘛幫幫忙，你以為我得了老年癡呆症嗎？我只不過是腿摔壞了，腦袋可沒摔壞！」

《君王論》的作者馬基維利曾經再三強調說：「權力會使人腐化，絕對權力則使人絕對腐化。」

故事中的阿俊市長，從高票當選到淪為人人不齒的過街老鼠，正是這段話的最佳寫照。其實，各行各業都有這種腐化現象，殊不見，許多所謂青年才俊往往開頭意氣風發，收場卻無比悲慘。

這是因為他們一旦獲得短暫的成功，就被眼前的名利、權勢沖昏了頭，忘了自己曾經信誓旦旦的理想和堅持。

有位哲人說：「在造訪命運之宮時，如果你從快樂之門進入，必從悲哀之門走出；從悲哀之門進入，則必從快樂之門走出。」

保持清醒、堅持到底，是一種難能可貴的德性。

走在人生的旅程上，有時需要幾分傻勁，只要自己認為是對的，就應當鐵著心腸、厚著臉皮堅持下去，即使是剩下自己一個人孤軍奮戰，仍然要堅持到底。

如此一來，你所獲得的成功才是最眞實、最寶貴、最快樂的，而不是朝生夕滅的夢幻泡影。

厚黑智典

如果一個人不知道自己要航向哪個碼頭，那麼任何風向都不會是順風。

——古羅馬哲學家塞內卡

別為「奧客」抓狂

廣告專家戴維・奧格威曾說：「消費者並不是傻瓜，她是你的妻子，所以應當把顧客當成寶貴的資產。」

美國一家大型傢俱公司為了招徠顧客，開張營業後，在媒體上大做廣告說，凡在該公司購買的商品，如果顧客不滿意，六個月之內可以退貨，兩年之內保證退貨。

廣告打出之後，這家傢俱公司營業額蒸蒸日上。

幾年後的某一天，傢俱公司來了一位老婦人，手裡拎著一個破舊不堪的傘桶，抱怨說她不喜歡這個傘桶，執意要求退換。

這傘桶已經破破爛爛，只能扔進垃圾桶了；這樣過分的要求，按理說傢俱公司可以置之不理，但是，經理認眞思考後，決定讓她換貨。

有人也許會懷疑，傢俱公司的經理這樣做，豈不是助長了一些人佔便宜的心理？公司的利潤將從何而來？

其實不然，這家公司的經理深知，這樣的「奧客」雖然是極少數，但是，他們往往很有影響力。

廣告專家戴維．奧格威曾說：「消費者並不是傻瓜，她是你的妻子，所以應當把顧客當成寶貴的資產。」

美國著名的推銷員吉拉德曾經提出「二五〇定律」。

他在長期推銷過程中發現，每一位顧客的身後，大約有二五〇名親朋好友，這些人又會有同樣多的各種關係，因此一旦得罪一名顧客，將會失去幾十名、數百名，甚至更多名潛在顧客；同樣的，如果贏得一個顧客的歡心，則會產生二五〇倍的正面效應。

因此，吉拉德強調，推銷員最重大的課題是，善待每一個顧客，尤其是喜歡吹毛求疵的「奧客」。

如果對「奧客」的問題不妥善加以解決，那麼他們很可能會加油添醋，四處散播不滿的言論，使得其他不明眞相的顧客對公司信譽產生懷疑；相反的，一旦滿足了「奧客」貪小便宜的心理，他們也會將公司的優點說得繪聲繪影，爲公司帶來更多的新顧客。

厚黑智典

不肯關心別人的人，不僅自己做人處處感到棘手，甚且是害群之馬，古今人類的失敗者，多半是這種人。

——心理學家艾德拉

我就是要用錢罵死你！

培根在《人生智慧》中說：「報復無非說明一個人和他的仇敵一般見識，如果寬容不加計較，這就使他高於自己的對手。」

小郭因為朋友捲入一樁刑事案件，而被法官列為重要證人，傳喚他必須在星期一下午出庭作證。

為此，星期一當天，小郭特地向公司請了半天假前去法院報到，誰知當天承辦該案的這名法官，審理的案件相當多，時間一分一秒地過去，法官卻始沒訊問他。好不容易等到黃昏時候，法官終於點了他的名字，卻對他說：「對不起，郭先生，我們的下班時間到了，請你明天下午再來吧。」

小郭很生氣地大叫：「哪有這樣的事！我為了出庭作證，足足等了一個下午耶！

你們當法官的，跟那些專門打混摸魚的公務員一樣，一點效率都沒有！」

累了一個下午的法官聽了這番話，不禁大發雷霆說：「你在法院態度竟然這麼惡劣，我就先判你藐視法庭，罰鍰一百銀元！」

小郭聽了二話不說，馬上掏出皮夾數數裡頭的鈔票。這時，法官有點後悔自己因爲工作繁重，說話太過衝動，於是口氣和緩地對他說：「別急，等你收到判決書再繳。」言下之意是他不一定會寄出判決書。

豈知，小郭抬頭看了法官一眼，不屑地回答說：「我是在算皮包裡的錢，總共還可以再罵你幾句？」

培根在《人生智慧》中說：「報復無非說明一個人和他的仇敵一般見識，如果寬容不加計較，這就使他高於自己的對手。」

講述自己的情況時，要儘量保持態度上的和緩，維護對方的尊嚴，給他們「面子」，有時會收到意想不到的效果。

就像故事中的小郭，如果他和顏悅色告訴法官，自己爲了出庭作證特地請假，而且足足等了一個下午，相信法官再累也會加班審理案件。相對的，法官如果不因爲工作繁重而大發雷霆，那麼，也不會遭到小郭進一步的羞辱。即使對方是固執、難纏的人，只要你以溫和的態度去面對，也會使他們解除敵意。

倘使你肯替別人預留轉圜的空間，相信多數人也會儘量通融，做出你期望他們做的事。其實，人與人之相處，只要多留意一下自己應對進退的態度，就會影響別人的磁場，從而使雙方都心平氣和去看待問題。

千萬別一開始就抱著「以牙還牙」的態度，面對讓你生氣的人。因爲，這種對立態度只會使事情越鬧越僵，對彼此都沒有絲毫益處。

厚黑智典

沒有什麼人比那些不能容忍別人錯誤的人，更經常犯下錯誤。

——拉羅什富科

妳也可以成為暢銷作家

我國文豪高爾基在《懺悔》一書中寫道：「要使幻想中的宮殿變成現實的宮殿，必須通過埋頭苦幹、不聲不響的勞動，一磚一瓦地去努力建造。」

在某個社交場合，美國幾個出版界的大亨齊聚一堂，談論最新的出版趨勢，並聊到幾個女暢銷作家的成名過程。

其中，一位陪同丈夫出席的貴夫人，不甘打扮得雍容華貴的自己遭到冷落，便以充滿醋意的口吻說：「哼，這有什麼了不起？她們只不過是運氣比別人好罷了。」

這位貴夫人並舉一個例子，繼續說道：「例如，暢銷書《飄》的作者密契爾，不就是靠媒體炒作，而一夕成名的？我只是不想寫作而已，不然的話，我也會成爲一個超級暢銷作家！」

這時，一位出版大亨插嘴說：「妳講的沒錯，可是，妳可能不知道，密契爾小姐在成名之前，每天寫作寫到天亮，而且連續寫了十八年。要是妳能連續寫十八年，當然會變成暢銷作家。」

的確，即使文筆再差的人，只要肯孜孜不倦地鍛鍊自己的文筆，每天寫作寫到天亮，而且連續寫了十八年，自然而然就會像密契爾一樣，變成暢銷作家。

日本名歷史小說作家山岡莊八費了十八年時間寫成不朽的名作《德川家康》，就是最好的例證。

俄國文豪高爾基在《懺悔》一書中曾經寫道：「要使幻想中的宮殿變成現實的宮殿，必須通過埋頭苦幹、不聲不響的勞動，一磚一瓦地去努力建造。」

事實證明，絕大多數的成功人士，並不必然比別人更聰明、更有才華，但是，一定比別人更堅韌，更有毅力。

至於絕大多數的失敗者，也不見得比別人愚蠢駑鈍，只是他們一味羨慕、嫉妒別人成功的表象，不肯腳踏實地去努力，或是在模仿過程中迷失了湛然自我。

有位哲人曾經寫過一段發人省思的雋語：「昨天的輝煌並不能證明今天的價值，明天的燦爛也無法減輕今天的痛苦。一味沉浸在昨天影子中的人，未來必定不會屬於他們；而把全部幸福和希望都寄託在明天的人，明天將永遠只能是明天。」

如果你想要獲得成功，就要緊緊把握稍縱即逝的時光，把自己全部的熱情與心血都傾注到當下。

無論今天是陽光燦爛還是陰雨連綿，無論目前自己是一帆風順還是崎嶇坎坷，爲了完成自己的理想和志向，該拼搏時就要奮勇拼搏，該有所犧牲的時候，就要無畏無懼地犧牲。

厚黑智典

在這個時代，在這千百年間，最美麗、最值得追求的，正是荊棘編成的冠冕。

——俄國作家涅克拉索夫

權謀經典
06

厚黑學完全使用手冊：說話辦事篇

作　　者　王　照
社　　長　陳維都
藝術總監　黃聖文
編輯總監　王　凌
出 版 者　普天出版社
新北市汐止區康寧街 169 巷 25 號 6 樓
TEL / (02) 26921935 (代表號)
FAX / (02) 26959332
E-mail：popular.press@msa.hinet.net
http://www.popu.com.tw/
郵政劃撥 19091443 陳維都帳戶
總 經 銷　旭昇圖書有限公司
新北市中和區中山路二段 352 號 2F
TEL / (02) 22451480 (代表號)
FAX / (02) 22451479
E-mail：s1686688@ms31.hinet.net
法律顧問　西華律師事務所・黃憲男律師
電腦排版　巨新電腦排版有限公司
印製裝訂　久裕印刷事業有限公司
出 版 日　2019 (民 108) 年 1 月第 1 版
ISBN◉978-986-389-564-0　條碼 9789863895640

國家圖書館出版品預行編目資料

厚黑學完全使用手冊：說話辦事篇／
王照著.—第 1 版.—：新北市,普天
民 108.01 面； 公分. - (智謀經典；06)
ISBN◉978-986-389-564-0 (平裝)

普天之下・盡是好書
普天出版家族
Popular Press Family
凌雲文創
A-Plus Creative Company